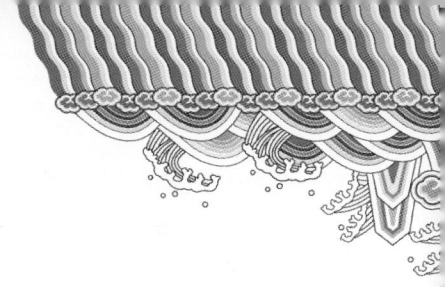

来新夏 主编
天津建卫六百周年

天津的园林古迹

章用秀 编著

天津古籍出版社

图书在版编目（CIP）数据

天津的园林古迹/章用秀编著. —天津：天津古籍出版社，2004.8（2012.7.重印）
（天津建卫600周年/来新夏主编）
ISBN 978-7-80696-030-1

Ⅰ. 天… Ⅱ. 章… Ⅲ. 古典园林—简介—天津市 Ⅳ.K928.73

中国版本图书馆CIP数据核字（2004）第041914号

天津建卫600周年

天津的园林古迹

主编/来新夏
编著/章用秀
出版人/刘文君

*

天津古籍出版社出版
（天津市西康路35号 邮编300051）
http://www.tjabc.net
唐山天意印刷有限责任公司印刷
全国新华书店发行

开本850×1168 毫米 1/32 印张9 字数150千字
2004年8月第1版 2012年7月第2次 印刷

ISBN 978-7-80696-030-1
定 价：22.50元

总　序

来新夏

　　2004年12月23日是天津设卫筑城600年的纪念日，这对居住在这座城市和曾经客居在这方土地上的人们具有极大的探求魅力，即使曾到此一游或旅途所经的人们，也都很想知道这座城市究竟是怎样一座城市。它的形成、沿革、特色、物产、习俗、光荣和屈辱……种种城市的内涵恐怕许多人都是语焉不详，也许久已淡出人们的记忆了。

　　天津设卫建城600年，决不是说天津只有600年的发展史。天津的成陆发展总在四五千年以上，自秦汉至宋元，历代在天津地区挖渠开河，运粮建寨，设官定制，发展鱼盐业生产等活动，遂使天津得以逐步开发。最早记载天津市区聚落起源的是《金史·完颜佐传》，其中所说，金宣宗贞佑二年（1214年）为维护漕粮转输，曾提升武清巡检完颜佐为都统，守卫"直沽寨"。这个"直沽寨"（简称直沽），据今人考证，当在今红桥区西青道一带，或略偏南。当时漕粮在直沽转输的达百万担以上。由于金、元两朝，建都北京，天津地位日显重要。元初虽因河道淤塞，南粮改作海运，但仍由天津转运入京。据《元史·食货志》所载，每年由津转京的粮食，多达三百余万担，出现了"转粟春秋入，行舟日夜过"的繁荣景象。与漕运并肩发展的是盐业生产，金、元两代，已设置盐务管理机构及人员，在今塘沽、汉沽地区开辟多处盐场，成为重要财源之一，所以天津更为朝廷所重视。元武宗时（1309年）又把直沽提升为都指挥司级别的地位，仁宗时（1316年）进而改直沽为海津镇，并在大直沽设接运厅和粮仓以接运和储存漕粮。漕运的船工为了祈求航运安全，先后在大直沽（元初建，后废）和东门外（元泰定三年建，明清时重修、扩建，今存）建立天后宫，供奉海神。金、元两代对天津的经营，使天津由聚落逐步走向都市的条件，渐臻成熟；但是天津作为一个具有完整意义的都市却是在明清时期完成的，而作为这一转折的重要标识则是明永乐二年至四年（1404～1406年）间的设卫筑城。

明太祖朱元璋于1368年建立明朝后，为了酬庸和巩固王朝权力，遂封诸子为王，分守各地，其第四子朱棣被封为燕王，驻守北平。1398年，明太祖死，因太子早逝，由太孙允炆继位，是为惠帝。允炆庸懦，而燕王则经几十年的戎马生涯和苦心经营，在诸王中实力最强。也许出于更好地延续发展和强化明政权的需要，燕王决定发兵与侄争位。他率兵由直沽"济渡沧州"（嘉靖二十九年《重修三官庙碑记》，天津历史博物馆藏碑）南攻。征战数年，终于在1402年，攻入南京，即帝位，是为成祖，年号永乐。明成祖在成功喜悦之余，为了纪念始发兵的"龙兴之地"，把直沽这个曾是"天子渡河之地"（李东阳：《修造卫城旧记》见《天津卫志》卷四）赐名为天津（天是天子之义，津是渡口之义）。关于天津的得名，有星座说、津河说、关口说和赐名说等各种不同说法，但赐名说既有上引比较翔实充分的文献根据，又为津民口碑所熟知，所以当以天子渡河而得名之说为近实。

明成祖虽即帝位于南京，但他不能遗忘自己的实力据点北平，必然要把政治中心北迁，把北平作为他的北京，以维护和巩固他的新政权（袁世凯就任大总统后，不肯赴南京就职，不惜制造兵变，坚持建都北京，与此何其似也）。但在迁都北京之前，他必须先把作为京师屏障和门户的天津建设好，于是在永乐二年十一月二十一日（1404年12月23日）下令在天津设天津卫、天津左卫、天津右卫，统称三卫，天津的第一部志书就以《三卫志》为名（今佚）。并在这一军事性的据点驻兵16000余人，以拱卫将建立的京师和维持当地的安全。并命工部尚书黄福、平江伯陈瑄、都指挥佥事凌云、指挥同知黄冈"筑城浚池"。

天津城的初型是以土版筑，城基距地表约四米，逐层用黄土夯实，土层间铺撒碎砖瓦和瓷片，类似后来所谓的"干打垒"，所以称为"筑城"。这座土城周长九里余，城高三丈五尺，宽二丈五尺，城的形状是东西长，南北短，很像一把算盘，所以津民有称之为算盘城的。经过一年多的时间，土城建成，于是作为天津卫所在的实体矗立起来，至今犹啧啧于津民之口的"天津卫"这一惯称，也自此出现。时隔五年，明成祖将一切部署就绪，便于永乐七年（1409年）正式北迁，建都北京。天津也从此承担起明清两代捍卫京师的职责。

但是，土城筑成将近百年时，就日渐倾圮残损，而不得不修建加固，于是在明孝宗弘治六年（1493年），由时任天津兵备道的刘福主持，用砖包砌加固，城池同修，各门增建瓮城和城楼，历时两年竣工。四门分别题写了镇东、定南、安西、拱北匾额，显示其拱卫京师，安定地方的武备作用。城周较土城略有拓展，但基本未动。其城圈就是现今东、南、西、北四条马路的内边，也就是过去白牌电车围城转的线路。明朝政府很重视这次重修，特由当时重臣、文学家李东阳亲为之撰写《修造卫城旧记》，记其始末，为天津城建的历史留下了重要文献。

设卫筑城后的天津，各方面都有较快发展，特别是粮、盐两个经济支柱更为显著。明永乐初由于北运河淤塞，由南方海运至津的粮食，难以及时运京，仓储业大为发展。曾有露囤千所，甚至在北仓还建立了百万仓。不久迁都北京，"百司庶府，卫士编氓，一仰漕于东南"（傅维麟：《明书·海漕志》），天津转输漕粮任务日增，至明宣德十年（1435年），明政府特在津设户部分司，作为管理漕运的专门机构。当时大运河上粮船万艘，转输漕粮五百万担。繁荣景象，可以想见。

鱼和盐是天津的两项重要财源。明在建国之初，即设"河间长芦都转运盐运司"，管辖以天津为中心的产盐区。天津不仅是产盐区，还是营销中心，长芦盐之名由此而起。由于采用日光晒盐法而产量大增，据一种计算，明末长芦盐运销量已达239,800余引（每引650斤）。天津的渔产也很丰富，《天津县志》特著其事说："津邑，滨海区也。鱼利与盐同，捕鱼不下三十种。"天津流传下来的许多风土诗也都盛赞天津渔产的丰美。鱼盐之利推动了天津经济的发展。

漕粮的转输，无论海运，还是河运，都带动了运输业和商业的发展。粮船为了调剂漕丁和水手的收入，允许在漕粮外，随带一定数量的各地货物以懋迁有无。这些货物大部分在天津卸载、发卖和转输，因而在三岔口不远的东门和北门外就形成了若干商业区。随之货栈、钱庄、会馆等行业和组织,都应运而生。集市贸易也随之而兴,十集一市的轮转,遂有"天天赶大集"之说。一些服务行业如饭庄、酒楼、戏院,更是迭兴不已。

天津从设卫筑城以来,经过明一代的经营,到明清之际,它终以有拱卫京师门户,河海转运枢纽,商业繁荣兴盛,富鱼盐之利,招八方来客的优越条件,而成为人所瞩目的要埠,远远超出单纯军事要冲——"卫"的地位。所以康熙《天津卫志》特以浓彩重墨概括其盛况说:"天津去神京二百余里,当南北往来之冲,南运数万之漕,悉道经于此。舟楫之所咸临,商贾之所萃集,五方之民所杂处……名虽曰卫,实在一大都会所莫能过也"。清初史学家谈迁赴京过津所看到的天津,已是"镇城百货交集,鱼虾蟹蜄并贱"(《北游录·纪程》)。顺治十二年(1655年),荷兰使节哥页赴京,路过天津时,曾把天津与广州、镇江并视为中国三大港口。天津的"人烟稠密,交易频荣",使这位使节惊讶,并命其随从人员将三岔口和海河两岸的景象,绘图带走。天津已是一个比较成熟而开放的城市了。

天津自设卫筑城以来,历经600年风雨沧桑,有多少可歌可泣,可喜可悲的事迹和人物,等待述说弘扬,并留存于图画文字,以教化当代,垂示后世。迎接设卫筑城600年,不仅要欢庆这个城市的光荣节日,更希望在迎候它的日子里,有更多故老贤达写出信而有征的往事风情,为我们的天津留下更多的文献积存!

我籍隶浙江,出生杭郡,而侨居天津七十余年,直等第二故乡。食于斯,长于斯,学于斯,老于斯。乡恩深重,值此庆典,何得无报?乃于2003年春,邀约津沽名流学者,相与咨谋,众议佥同,共定编撰《天津建卫600周年》丛书，以为文献积存之祝。共立八题，目次是：

一、天津的城市发展

二、天津的人口变迁

三、天津的方言俚语

四、天津的园林古迹

五、天津的邮驿与邮政

六、天津的九国租界

七、天津的名门世家

八、天津早年的衣食住行

题目既定，撰者分册撰写，每册十余万字，各有随文插图，期以一年。2004年春，各稿相继完成，逐册循读，大都相契，而各有所见，亦未强求划一。全套丛书共八册，近百万字。天津古籍出版社社长刘文君女士，欣承出版之任，情义可感。责编韩嘉祥先生，学识优长，不辞辛劳，奔走于撰者之间，商榷修订，终底于成，如期问世，功不可没。撰者诸君殚精竭虑，共成斯举，为津门增拓文献积存，颇著勋绩。我则追随诸君子之后，稍事擘划，与有荣焉。设有不足，则我当独任其责，幸读者垂察！

二〇〇四年六月写于南开大学邃谷

目 录

台隍古韵数三津 …………………………（1）

十亩清池一墁台——浣俗亭 ……………（6）

遗庙唐皇曾挂甲——挂甲寺 ……………（9）

时逢重九步云梯——玉皇阁 ……………（14）

玉山韵事昔犹存——问津园 ……………（19）

为政清廉永世传——报功祠 ……………（23）

梵宫建自海运始——天后宫 ……………（26）

焚香啜茗细谈心——大悲院 ……………（33）

唱酬诗句满回栏——香林苑 ……………（38）

百川一样到瀛洲——三岔口 ……………（42）

处士风姿动雅怀——帆　斋 ……………（47）

径平如掌任流连——老夫村 ……………（51）

声闻十里接天高——鼓　楼 …………………（55）

七台棋布自崔嵬——炮　台 …………………（61）

杰阁千寻藏贝叶——铃铛阁 …………………（67）

中堂严肃素王尊——文　庙 …………………（72）

年年四月警时巡——城隍庙 …………………（77）

风光最数查氏园——水西庄 …………………（83）

探幽缒险窥其奥——杞　园 …………………（91）

香闺妙质自风流——艳雪楼 …………………（95）

听潮观海尽朝宗——潮音寺 …………………（99）

凭栏远眺心荡然——杨柳青文昌阁 ………（103）

世外孤云驻近郊——白　庙 …………………（107）

曲沼荒凉慨胜游——康　园 …………………（112）

一时诗酒遍文人——寓游园 …………………（116）

鹅湖鹿洞沽水边——三取书院 ……………（119）

学海堂前传薪火——问津书院 ……………（123）

焰吐星精气象昌——文昌宫 …………………（129）

庋藏富比天籁阁——沽水草堂 ……………（133）

结构名园近市阓——萧闲园 …………………（137）

瓴甋粲然院阔绰——金家窑清真寺 ………（139）

恢宏壮丽放异彩——清真大寺 …………（142）

二水交并抱寺流——望海寺 ……………（147）

群帆历历望中收——海河楼 ……………（153）

广厦舟屯盛典隆——皇船坞 ……………（160）

宫门深闭花千树——柳墅行宫 …………（165）

经楼佛阁寻诗酒——海光寺 ……………（170）

团勇济济卷狂飙——吕祖堂 ……………（177）

古寺无存名永存——紫竹林 ……………（181）

一片丹心化怒涛——聂公碑 ……………（186）

稻香不忘拓植人——周公祠 ……………（190）

潞河岸边相国祠——李公祠 ……………（194）

托孤重臣退隐处——逋　园 ……………（198）

旧院尚闻老凤声——状元楼 ……………（201）

老红新粉费经营——荣　园 ……………（204）

百年风云园中看——中山公园 …………（210）

慈禧行宫何处寻——种植园 ……………（215）

小聚翠湖复水西——青龙潭 ……………（219）

见说桃花夹岸红——桃花堤 ……………（225）

岭渤凝和一妙笔——广东会馆 …………（230）

露香赫赫垂青史——张　园 …………………（235）

逊位还念旧宫宸——静　园 …………………（240）

风雨喧嚣荒唐事——曹家花园 ………………（245）

浩气凛然千古传——蔡家花园 ………………（249）

巍巍王府今犹在——李纯祠堂 ………………（252）

中西合璧别一格——庆王府 …………………（257）

卫南庙会乐融融——峰山药王庙 ……………（262）

清修院内枪声起——居士林 …………………（266）

精致清朗女僧庙——莲宗寺 …………………（272）

台隍古韵数三津

园林古迹是一个比较宽泛的概念，它至少应包括以往多个时期建造的园林及具有一定文物价值和历史意义的古代建筑。一座城市所拥有的园林古迹，凝聚着这座城市的历史、艺术与科学，它们是文化的积淀，也是历史的缩影。

天津作为历史文化名城，园林古迹分布广且类型多。天津古代园林中，属于官署园林的，有建于明正德年间的浣俗亭、清康雍年间的环水楼、绎志轩和宜亭；属于私家园林的，有问津园、一亩园、帆斋、七十二沽草堂、老夫村、问莲蒲、浣花村、水西庄、岭南轩、杞园、环青园、南溪、锦怀园、郭园、西园、寓游园、萧闲园等；属于御用园林的，有柳墅行宫、海河楼；属于坛庙寺观园林的，有海光寺、香林苑等。著名的古代建筑有鼓楼、炮台、铃铛阁、天后宫、玉皇阁、吕祖堂、大悲院、文庙，以及包括三取书院、周公祠、广东公馆在内的书院、祠堂和会馆。以上园林古迹，有的保留至今，有的已湮没无闻，但它们却从不同角度折射出天津的历史进程和文脉。

园林古迹可以反映一个城市政治的、经济的、文化的发展状况，同时它又同这座城市的地域条件和社会因素密不可分。天津的历史环境决定了天津园林古迹独有的面貌与特征。

——河海地缘与海河经济的派生物。"天津郡新而地古。"既不同于那些建立在农业自然经济基础之上的古老城邑，也不同于由于历史上一度作为一方政权中心而形成的政治都会。天津濒临渤海，且"地当九河要津，路通七省舟车"。绝无仅有的空间地理优势造成了天津特有的经济环境，并由此而衍生出独具特色的人文景观。无论是元代在漕运基础上修建的天后宫，还是明代为保障航海安全而建造的潮音寺，无论是清初为便于帝王出行而构建的柳墅行宫和皇船坞，还是清末为沟通南北贸易而修起的广东会馆，其实都是天津地缘优势和海河经济的派生物，无不具有鲜明的天津所独有的多元化的海河文化和历史特征。

——依托自然、临河傍水的经典佳构。古代的天津为河海航运枢纽，河网纵横，坑塘遍布，其园林建筑大都利用洼淀，稍加整理，即成清池水沽，或水中植荷，岸边栽柳，或亭廊桥榭，环绕其间，构思巧妙，建筑简洁明快，人与自然相通，既具江南韵味，又有浓郁的天津乡土气息。康乾时代，康氏之南溪"曲通濠水，花柳曲榭"，宋氏之虚舟亭"平桥曲榭，芦苇纷披"，皆巧用自然水景，选择风景幽美之处，因借对比而筑成的园林，颇有"虽由人作，宛自天开"的意境。三岔河口北岸的香林苑、海河楼、望海寺，则是依傍海河和南北运河的自然风光，构筑起的有多重亭台殿宇的坛庙寺观园林，其间奇石美树，朱栱鳞比，有限的园林楼阁与无限的水天云色融为美妙的境界，登临四望，顿感心旷神怡。这种因地就势、借助自然的手法，至今令人叫绝。

——南北文化传播与交流的载体。天津的园林景观，其大门从来都是对外敞开的（御用性质的除外）。特别是那些盐商，他们致富后，大都斥巨资建造园林，延揽天下名士，进而也促进了天津地方文化的勃兴。清康熙年间遂闲堂张氏业盐发家后，建问津园，"诸名宿之集，文酒之宴无虚日，彬雅之风翕然丕振"。一代名家姜宸英、赵执信、吴雯、方苞、梅文鼎、朱彝尊、洪升、沈一揆、徐兰等，都曾寓居此园，创作了大量的诗文杰作。乾隆年间于斯堂查氏父子工诗而好客，建水西庄，荟萃了驰誉海内的一流文人，杭世骏、汪沆、厉鹗、万光泰、陈仪、刘文煊等学者和诗坛领袖均为水西庄的座上客。与此同时，佟鉽的艳雪楼、安岐的沽水草堂等，均为盐商为结纳南北学人而修建的私家园林。天津园林胜迹的开放性客观上起到了南北艺术交流的窗口作用、学术研究互通的聚拢作用、天津文化兴盛的催化作用。

——中西文化交融的典型与代表。天津不少园林古迹具有明显的中西文化交融的痕迹。尤其是天津开埠以来，西学东进。兼容并蓄，中西杂糅，成为天津某些园林名胜的一大特色。建于清光绪三十一年（1905年）的中山公园，当年前门矗立着一座中西合璧的四柱牌楼，使人耳目一新；二门为西洋式过街钟楼，楼上镶嵌国产自鸣钟。在二门相对处，则是由太湖石堆砌的假山，山上立有南海大士观世音雕像，手持宝瓶，向下注水。园内中西建筑，相互融会，恰到好处，和谐地构成公园特有的意蕴。19世纪末、20世纪初的曹家花园、张园、静园、庆王府等，也都是些既很传统又很现代的园林名胜。如此多样化的风格，如此众多中西合璧的建筑集中在一座城市，真是让人大开眼界，大饱眼福。

——近代中国历史的缩影、反帝斗争的见证。鸦片战争后，天津一部分园林古迹蒙上了半殖民地半封建的色彩，有的被帝国主义用作了侵略中国的堡垒，有的成了中国人民抗击外敌入侵的战斗基地。始建于明宣德年间的吕祖堂是一座玲珑别致的道教庙宇,但其保留的更大意义还不在于庙宇本身,该庙曾在光绪二十六年(1900年)设立义和团总坛口,义和团首领在这里商讨斗争策略,它是作为我国仅存比较完好的义和坛口被确定为全国重点文物保护单位。此外,我们从海河楼、海光寺、挂甲寺、紫竹林、蔡家花园中,也都能看到天津这座城市的风云变幻,看到中国近代诸多重大的历史事件。

天津园林古迹彰显的是一种河海兼备、南北融合、中西交汇、传统与现代相互包容的文化,所代表的是一个特殊时代的世界脉动。今天,我们纪念天津建城600周年,重新审视天津的园林古迹,深入开掘它们的历史底蕴和文化内涵,定会从中得到新的启迪。

十亩清池一墁台

——浣俗亭

如果有人问,天津最早的官署园林是哪一座?那么我们可以肯定地回答,是始建于明朝正德年间的浣俗亭。

浣俗亭的修建与汪必东这个人有直接关系。《天津县新志》里说:"浣浴亭在户部分司署内,明正德间郎中汪必东建。"汪必东,崇阳(今湖北省)人。明正德十一年(1516年)由户部郎中出任天津户部分司。从《新校天津卫志》卷四《艺文》收录的汪必东诗文中不难看出,此人是一位颇有才气且有相当文化品位的官员。他曾写过一篇《天津歌》,开头便写道:"壮燕游兮,癯楚人;乘天风兮,泊天津;天津渺兮,不可以目极。但见波光凌乱,一望四际如摇银。"他还写过一篇《观海赋》，把明代天津水乡的清阔与苍茫描述得绘声绘色。汪必东热爱天津，来天津就任不久便在户部分司署构建了浣俗亭。

户部分司是永乐年间在天津设卫后，官府相继设立的衙署之一，有说建于永乐十三年（1415年），也有说建于宣德十年（1435年），其职能为管理漕粮，地点在三仓（即天津卫"大运仓"、左卫"大盈仓"、右卫"广备仓"）后，即现今旧城的户部街。

"浣"在现代汉语中为"洗"的意思。唐代定制，官吏十天一次休息沐浴，每月分为上浣、中浣、下浣，后来借做上旬、中旬、下旬的别称。"浣俗"有洗去俗气之意，同时又突出为官的色彩，寓有为政一方要清明、公务之余要清雅的内涵。汪必东在衙中所建浣俗亭，方亭曲槛，十亩清池，为公余休憩纳客之所，也是当时卫城内惟一的花园。汪必东本人留有《浣俗亭》诗一首，勾画了这里的景象："十亩清池一墁台，病夫亲与剪蒿莱。泉通海汲应难涸，树带花移亦旋开。小借江南留客坐，远疑林下伴人来。方亭曲槛虽无补，也称繁曹浣俗埃。"从诗中得知，浣俗亭面积较大，一池活水，常年不涸，方亭曲槛掩映于花树之间，园内设施古朴雅致，风景有如江南，确是脱尘出俗之所在。

浣俗亭作为政余憩息飞觞酬唱的官署园林，还曾在这里议定修纂了最早的天津地方志书。明正德十四年（1519年）八月下旬，京官吕盛奉命来津整顿漕粮储运事宜，与司员郑士凤饮宴于浣俗亭。席间，吕盛观赏了天津文人墨客的佳作，深感天津没有志书是件遗憾之事。郑士凤告知吕盛，以前胡汝重公修纂过《卫志》，在将近脱稿时他被调离了，手稿还都在学宫里存放着。后来，韩守清公又继续编纂，但因地方上的事太多而耽搁，这事只有待阁下发挥博学多闻的才干来完成了。就在浣俗亭的这次饮宴中，吕盛承诺起编修《天津卫志》的工作。吕盛编修的这部志书出版后，其木刻版也保存在浣俗亭中。

浣俗亭在清代仍是天津重要的名胜之地。钱塘著名学者、诗人汪沆（1684—1764）在乾隆初年就来到天津，与吴廷华主修《天津府志》和《天津县志》。汪沆"学极奥博"，对天津掌故尤为关注。他曾写过一首《浣俗亭》的诗，收入他在乾隆四年（1739年）所刊《津门杂事诗》中。诗中说："浣俗亭开十亩池，傍地杂树带花移；软红百丈都抛却，清绝吾家金部诗。"亦可见当时浣俗亭的园景佳色。同治年间，津门学者华鼎元的《津门征迹诗》中也有一首题为《浣俗亭》的诗，从内容上看，浣俗亭在清末似乎已成遗迹。诗中说道："汲井移花无俗情，病夫亲手费经营。亭边浣去尘三斗，吟出新诗字字清。"

如今，浣俗亭早已无实物可寻，但从前人遗诗和记载中，我们看到了这座官署园林在天津历史上的地位和影响。

遗庙唐皇曾挂甲

——挂甲寺

唐初年间，太宗皇帝李世民北上征辽，凯旋而归，途经海河边时，来到一座寺院休息，便将他征战所穿戴的盔甲卸下挂在寺中，后来人们就管这座寺院叫挂甲寺。

这也许是个动人的传说，但多少年来人们一直津津乐道，以至被记在天津的方志之中。有诗为证："虎旅云屯脱练袍，唐皇曾此驾征艘，癃僧不省兴亡事，自补裂裟揎橘裯。"（清汪沆《津门杂事诗》）

挂甲寺，天津古刹之一，原在海河之东，20世纪初海河裁弯取直后，才位于现今河西的地方。原名庆国寺，后改名挂甲寺。当年的挂甲寺，寺殿均南向，山门亦南开。有殿两楹，前

挂甲寺山门旧貌

殿供观世音菩萨，后殿供释迦牟尼。寺内"栋宇嵯峨，象设赫濯，瞻谒云集"，香火十分旺盛。历史上，挂甲寺曾两次重修，一次是在明万历二十八年（1600年），另一次是在清朝末年。1944年又重修山门，至解放前庙已倾圮，后来便成了挂甲寺街文化站。

如果说"唐太宗征辽挂甲于此"的记载不甚可靠，那么根据现有文献资料来考证，挂甲寺究竟建于何时、为什么称其为挂甲寺这类问题，还真的不得而知。然从刘生申撰写的《重建挂甲寺碑记》来看，该寺的始建年代确实较早。《碑记》载："大直沽迤南三里许，有古刹曰庆国寺，后名挂甲寺。其由来远矣，图经无考。得父老传闻云：当大唐征辽奏捷，驻师此寺，因更名焉。世远倾颓，遗址尚在。"此碑是明万历二十八年九月立的，是记载该寺最早的文字，有关史志和诗歌对挂甲寺的记述大都是由此碑相关内容引申衍化而来的。如《天津卫志》云："挂甲寺在城东南，去城十三里，世传曾有兵过此处，挂甲于寺。"《天津县新志》云："庆国寺在大直沽南小孙庄。相传古有征辽者驻师此寺，故又名挂甲寺。"《津门杂记》云："挂甲寺在城东南十二里，古名庆国寺。相传唐尉迟恭凯兵过此，挂甲于寺。"说的却是尉迟恭在这里驻过兵、挂过甲。但不管怎么说，挂甲寺既然在明万历时重修，则至少在明代中叶或上推至明初建卫时该寺已经存在。至于谁在这儿驻过兵、挂过甲、何时改名，今确无可靠材料可以考定了。

关于万历年间何以重修挂甲寺，也有一个感人的故事：明万历二十八年，游击将军张良，奉命东讨倭寇，道经此寺，因叹曰："余将凯旋，愿效唐太宗之挂甲焉！"目击寺之倾颓荒凉之状，慨然以重修为己任。天津廪生孙从先捐地十亩，将军遂督饬本营千总官袁应与，率队伍苏敬等，各捐资兴筑，未两月而落成，栋宇嵯峨，庙貌一新，以后将军果奏荡寇之功，旋师而亦挂甲于此。

挂甲寺本坐落在小孙庄，后因寺之名声超过村名，久之，人们习以寺名称村名，故该村逐渐得名挂甲寺村。"挂甲"似有"尚武保国"的内涵,挂甲寺村更有保家卫国之传统。据载,1900年八国联军入侵天津时,挂甲寺村长孙国瑞带领村民会同义和团首领邢家亨、阎震共同抗敌,保卫家乡。义和团和村民利用海河弯曲水浅,敌军行船缓慢的弱点,埋伏在芦苇丛中,用大刀、长矛、土枪、猎枪狙击侵略军,使最先闯入海河弯道的德国兵舰伤亡惨重。从5月到6月上旬,共击毙敌军100多人。6月14日侵略军炮击沿河两岸,义和团和村民们奋起抗敌,坚持多时,终因力量悬殊而失败,义和团首领邢家亨、阎震等战死沙场。6月18日八国联军攻陷天津后,德军又向挂甲寺村一带进行报复。21日,数百德军搜捕孙国瑞等人,孙国瑞为了保卫乡亲百姓,挺身而出,英勇就义。

20世纪90年代初修建的大雄宝殿

挂甲寺历尽沧桑，昔日的古刹、村庄，早已不存，其名沿袭。如今这里已是高楼林立、车水马龙的市区。上世纪90年代初，河西区在这里再建挂甲寺，金碧辉煌的挂甲寺又重新矗立在距海河不远处的新围堤道旁，供海内外人士参观瞻仰。

时逢重九步云梯

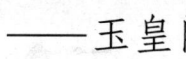

——玉皇阁

　　天津市在海河两岸综合开发改造中将借海河边现存玉皇阁大殿,重新按原占地和格局完成建筑物的复原,重建山门、东西配殿、钟鼓楼和六角亭,为天津这座现代化大都市又增添一处高品位的文化观光胜地,实在令人欢欣。

　　矗立在三岔河口南运河、北运河、海河交汇处西侧的玉皇阁,远眺东南流去的海河,极目无际,一览无余,有"直在云霄上,蓬瀛望可通"的妙趣,是明清时代津门独具特色的园林古迹,早在1954年已被列为天津市文物保护单位。

　　玉皇阁建于何时?清康熙十三年《天津卫志》记为明万历五年,然在勘测时发现,阁顶的脊檩和金檩上,钉有许多历代重修时留下的小木牌，俗称"千秋带"，朱书或墨书修葺时间，其中有两块是"弘治二年"（1489年）和"宣德丁未年"（1427年），这说明明初已有此阁。

明初修建的玉皇阁，今仍保持原貌

　　玉皇阁的建立虽可追溯到明宣德年间，但在这以前，这里已建有三官庙，乃玉皇阁之前身，阁则是由三官庙改建而成。此事旧志亦未载，是根据玉皇阁主持道士胡承勋（1884—1964）口述而得知。他说，庙中旧时设有祖先堂，供历来道士木主，最早者木函书有"小直沽三官庙重修玉皇阁"字样，虽移庙以后木主不存，然而当时道士均经亲见，玉皇阁系由三官庙改建一事，庙中尽知。

　　玉皇阁作为天津市区内最大的道教宫观，其建筑群包括牌坊、山门、大殿、清虚阁、配殿、钟鼓楼和六角亭等。现存清虚阁为庙内主体建筑，面阔五间，进深四间，上下两层，乃市区现存年代最早的木结构高层建筑，上层供玉皇铜像，有回廊栏杆。阁顶作九脊歇山式，中心用黄琉璃瓦，边侧用绿琉璃瓦，在红色栋额之上，绿衣仙子簇立，龙凤走兽飞腾，显得宏伟壮观，别具风采。玉皇是道教的最高神祇，其居应名"玉虚阁"，此名清虚阁者，以示清高淡泊。

旧时玉皇阁因与天后宫相临构成香火圣地，每逢降香之日，善男信女逛庙之人络绎不绝，香火极盛；且又因玉皇阁与天后宫有不同之处，这里尤以"祭星"、"攒斗"和"登高"等民俗活动最为繁盛。

所谓"祭星"，即每人每年有一星值命，须祭祀求顺。祭星日期在旧历正月初八，因为相传九日为玉皇诞辰，前一日天上金星下界，故赶于是日祭之。因玉皇阁有星坛，人们多在这里祭星。这一天也有前去讨签的，签分问事签，即有关婚丧嫁娶、生意兴衰、运气好坏等；再有讨方签，即家有病人求讨治病神方。

"攒斗"在每年旧历九月初九举行。相传这日子是斗姥元君的诞辰，一般信士都在这日以前备香送庙，为斗姥上寿，同时也为本人增福延寿，消灾免劫。在正日以前，道士们把所进的香一层一层地摆在山门里院中后制的斗座上，堆垒成为粗大的圆形高柱，称为"攒斗"。所攒之"斗"，自初八夜半"接驾"时燃起，可燃到十五日，历时一周，遇雨也不熄灭。燃斗之日，游人如织。

"登高"也在每年的旧历九月初九日举行。旧历九月，古称阳月，九日古称阳日，九月九日二阳相遇，故称"重阳"。早年天津，向有讲究过"重阳节"的习俗。天津近处无山，登高只有两个去处，一是鼓楼，一是玉皇阁。玉皇阁居高面河，疏朗开阔，每到九九重阳，来此登高者不可数计。不少人在这一天还要买些"年糕"，登上玉皇阁，眺望三河交汇处万帆竞发的繁荣景象，以求"年年高"、"步步高"、"吉祥如意"，祈盼今后飞黄腾达，有所发迹。清康熙辛巳秋月（1701年）恭亲王亦曾登临玉皇阁，并为该阁书写"清虚阁"匾额一方，是为玉皇阁兴盛之明证。

玉皇阁既为津门一大胜迹，更是明清两代文人学者登临、雅集、望远、抒怀之所。清代诗人周自邠《九日登清虚阁》云："此日无风雨，清虚阁上游。天寒欺短发，地阔豁双眸。万井鱼鳞屋，千帆鹢彩舟。登临情未了，不负菊花秋。"曾任天津县丞的阳湖人恽源浚《玉皇阁春望》诗云："海色通群象，晴云旦夕浮。高城千雉出，远渚一帆收。星散空陈迹，莺啼感昔游。津河芳树密，日暮起离愁。"分别记述了秋季和春季登临玉皇阁所见之美妙景致及内心感受。与津门宿有渊源的清代学者崔旭登临玉皇阁后,不仅在其诗中生动描述了津沽300年前的独特景观,而且借景抒情,道出个人心境。他的《清虚阁》一诗说:"盘旋把火上危楼,万屋鳞鳞一望底。城郭如烟水如镜,清虚阁上夕阳西。"

尤值得一提的是宁河籍学者高静,此人道光十四年(1834年)举于乡,同治元年(1862年)大挑二等,选授容城教谕,著有《慎庵古近体诗》等。他对天津玉皇阁情有独钟,曾数次登阁,留有多首有关玉皇阁的诗作,且不乏佳句流传。他在《登清虚阁》原序中记曰:"津门控海甸之胜,而章武尤为雄镇,河西玉皇阁,高山城巅,俯视河曲,南船北运,往来于川途,鳞次骈罗,纷列居市。每至秋月,游人登览者云集焉。余年甫十四,谒直沽舅父家,舅父季良公携至津城游览,因登兹阁,气爽天清,命作律诗,勉成六首呈阅。"20多年过去,高静"因事至天津河东,三秋二日,与同游复登阁眺望……触境怀人",又作七律一首。诗曰:"城堞千寻抱曲栏,河流三汊绕奔湍。川原气肃周环海,风露秋高压广寒。紫阁萧晨游似旧,青天谢句问应难。恒山回首东垣路,落日孤云不忍看。"

玉皇阁——平民、雅士、官宦朝拜、游览的圣地,五百多年经久不衰,它是天津民俗与经济繁荣的见证,也积淀了天津的历史和文化。

玉山韵事昔犹存

——问津园

  300年前,在天津河北区锦衣卫桥以北旧金钟河畔有一座最负盛名的私人别墅——问津园。这一幽雅的、充满诗情画意的园林胜地,曾以主人的热情好客和那独特的风光建筑,吸引着南来北往的名流学者。园林的主人是清初津门大户遂闲堂张氏。据推算,问津园比天津城西查氏的私人园林水西庄还要早半个世纪,是水西庄之前,天津规模最大、影响最大的私家园林。它不仅在本市园林史上占有显要地位,而且也反映了大盐商张霖一家的兴衰始末和盐商在天津文化发展中所起的重大作用。

  遂闲堂张氏是清朝初叶的天津富豪。张霖的父亲本来是由河北抚宁迁居天津的一个普通商人。他在顺治年间以行盐长芦开创张氏家业；至张霖一代，已家盈万贯，成为北方赫赫有名的大盐商。

张氏发家致富后，一面用重金买官，猎取政治地位，一面大兴土木，广造庭阁园林。问津园就是在这种情况下建造起来的。

问津园位于天津城东2.5公里处，依金钟河而建。这里风光旖旎，曲折幽静。园中树石葱蒨，亭榭疏旷，垂杨细柳，流水泛舟。庭阁中，名人字画，鼎彝古器，香烟袅袅，愈显格高韵盛。登楼凭栏可观海吟啸，夜深可听城楼的更鼓梆声。张霖的从弟张霪曾作《春晴初过问津园》诗，有"高楼客戏弄弦管"和"园树入春不寂寞"的句子，勾画了当年问津园的豪华和美丽。张氏一家在这考究的园林建筑中饮酒作乐，肆意挥霍。天津历史博物馆收藏的一幅《行乐图》，正是描绘了张霖行乐于山水间的悠闲情致。

随着家业的兴盛和私人园林的建起，张家的名声越来越大，途经津门的海内名士纷纷慕名而至。具有较高文化修养的张氏一家出于改换门庭与切磋学问的双重目的，利用自家园林"延纳四方名俊"。一时北游之士，如《明史》纂修者、大文学家姜宸英和梅文鼎、沈一揆、徐兰等，"罔不适馆授餐，供张丰腆"，使问津园、一亩居宾客如云，往来赠答不辍，被称为天津的"小玉山"。

在这些海内名流中,以清代现实主义诗人赵执信主其家最久。赵执信(1662—1744)在清初文学领域中,从诗歌创作到诗歌理论,都有相当高的成就。他一生坎坷,正当他落拓之时得到张家的帮助。赵执信在出游时,曾对人说:我以所居停的地方为家,那就是遂闲堂。与张家交情最深的是当时被称为"仙才"的清代学者、山西蒲州的吴雯(1644—1704)。史志记曰:一次吴雯在闲谈时说道,他家中条山下环以玉溪之水,如能买田圃、构草堂十余间,贮书其中,有楼有亭,种竹艺梅,以此终老,也就足矣。谁知数年后,吴雯别去,抵达故里,见庐舍顿改。原来张霖已按他所言为他营构了新的房舍。吴与张氏兄弟酬唱甚多,曾作诗曰:"最爱王官谷,劳劳托兴长。人家瀵西宅,风景辋川庄。慷慨成高隐,艰难就草堂。买山原所自,高谊不能忘。"此外,桐城派创始人方苞,曾修《明史》、作《日下旧闻》的博学多才的朱彝尊等,也与张家有所交往,结下友谊。驰名文坛的清代戏剧家洪升的传世名作《长生殿传奇》,也是在问津园内最后定稿的。

这些名流学者在经史、文学、艺术上皆有很深的造诣,为文之道见地颇高。有的在学术上还持有不同观点。如吴雯为诗学"一代正宗"、"神韵派"代表作家王士祯所欣赏,而赵执信又是王士祯在诗坛上的劲敌。他们不仅在遂闲堂、问津园内留下了不少脍炙人口的宏篇佳作，而且各自阐发自己的创作理论，从而促进了南北各地的文化交流，打开了天津人的视野。早在道光年间天津学者郭师泰就评价说："若人文之盛，又有张氏遂闲堂、查氏于斯堂。大江南北知名之士聚集于斯者，踵相接。津沽文名，遂甲一郡，是鱼盐武健之乡，而为文物声明之地"（《津门古文所见录序》）。这从一个侧面反映了张氏及其问津园在天津文坛的地位和作用。

康熙年间，张霖在云南布政使任上，因贩卖私盐被革职入狱，数年后死去。张霖之子张埙奉旨发遣宁古塔，家产被抄。随着张家的衰败，问津园日趋荒弛。乾隆年间，张家的后人曾在原址修思源庄，作张氏墓园，其规模已远远不及问津园了。如今，问津园、思源庄都已不复存在。

为政清廉永世传

——报功祠

天津旧城北门里府署街中段，有一条小胡同，胡同里曾有一座祠堂，叫报功祠。《津门纪略》中说："报功祠，在大仪门内，祀明天津副使毛公。"

毛公何许人也？天津人为何为他建祠？从明朝嘉靖年间一个叫汪来的大臣撰写的《天津整饬使毛公德政去思碑》里得知：这位毛公名叫毛恺，字达和，号介川，晚号节斋居士，浙江江山县人。嘉靖十四年（1535年）进士，授行人，擢御史。因事触犯朝中当权者，谪宁国推官。嘉靖三十三年，以瑞州府升任天津整饬副使。毛恺在任四年，以大振公道为先，以不信私书为本。在天津，他革除杂差，取消妄费，组织民众筑堤堰，兴屯田，发展生产，且自奉俭约，声名卓著，不幸因操劳过度，死在了天津任上。

作为封建时代一位廉洁为民、刚直不阿的清官，毛恺的事迹不仅载入了天津方志之中，而且《明史》中也有他的传。《明史·列传》载：毛恺"坐论洗马邹守益不当投散地，为执政所恶"。又载："李芳骤谏忤穆宗，命刑部署重辟，恺奏：'芳罪状未明，非所以示天下公。'芳乃得贳死"。

毛恺在天津任上有两件事尤其让天津百姓叹服。

其一，毛恺到天津以前，因天津人多是来自山西、山东等地的商人和农人，有的则是来自江浙沿海地区的船工和渔民，他们中的一些人"既不读书，争相骄侈"；经济殷实之家又多"事游猎，纵歌舞"，官宦和达官贵人都是亲戚套亲戚，他们中若有犯法者，只须贿赂些银钱，便可逍遥法外。毛恺莅任天津后，大力治理这种不良风习。他主持正义，不徇私情，秉公执法，一个人犯了罪，不管多大权势，有多少人说情，一律绳之于法。如此大行公道，使人们的道德风尚大为改观，或"讲兵陶融，将才数辈"，或"和平公正，若读书人"，或"亦知奋发，不至废坠"。

其二，毛恺到天津前，天津官场腐败现象严重，官府到处设卡，以各种名目向商人乱收费，而商人又是"以贾取利"，由于愤恨市场"不平其值，人皆散"，致使"鱼盐蠃蛤，不贩天津而贩都会；絮帛粟稻，不之天津而之丰台；油纸板木，不泊天津而泊河西务"。至明朝中期的嘉靖初年，天津的商业贸易由此而衰落。毛恺到任后，迅速查明原因，下大力量革除"官价夙弊"等腐败痼疾，按照当时行情的高低、涨落议定价格，公正透明，商人们看到天津市场行情平稳，官府所设税卡所得之税合理，便渐渐向天津集中，于是诸物产"复从都会、丰台、河西务至焉"，天津的经济又繁荣起来。

毛恺在天津任兵备副使期间，为政清廉，为天津人民做了诸多好事，身后他却是一贫如洗，这在封建社会的官场中实为难能可贵。毛恺死后，天津人"涕泣而思之，为之立生祠，曰'报功祠'"。

报功祠也称毛公祠，清同治年间天津文人华鼎元有一首诗，题目就是《毛公祠》。诗曰："使君公正士民知，遗爱弥深去后思。五尺穹碑何处觅？居人犹说报功祠。"后来由于年代渐至久远，出现了谐音的讹传，人们将"报功祠"误为"鲍公祠"，而且以为鲍公是位姓鲍者的尊称。因这种误传，当年建有报功祠的那条小胡同便称作了"鲍公祠胡同"。如今，那报公祠也已找不到了，而鲍公祠胡同仍在。

梵宫建自海运始

——天后宫

天后宫，原名天妃宫，俗称娘娘宫，坐落在天津旧城东门外，三岔河口西岸，现古文化街上。始建于元代泰定三年（1326年），明永乐元年（1403年）重建，明正统、万历，清顺治、康熙、乾隆、道光、同治、光绪以及民国年间多次扩建、修葺，与福建莆田湄州妈祖庙、台湾北港朝天宫并列为我国三大妈祖庙，也是天津市区现存最早的建筑。这座年代古老的庙宇，对于天津的政治、经济、文化、民俗诸方面的变迁，都具有历史见证的价值。

《元史》记载："泰定三年八月，作天妃宫于海津镇。"这就是那座距"连樯集万艘"的三岔河口不远处的那座天后宫。

清光绪年间的天后宫

建庙而载入国史,可见其地位之重。前此十数年,在大直沽已盖起了一座颇具规模的天妃宫(一说晚于这座天后宫)。其后数百年间,在天津陆续建造了二十多处供奉天妃(天后)的大小庙宇。

天妃被称为护海女神,其所以与天津结缘,实与天津的漕运有关。

说起来,这是一个娓娓动听的神话故事。宋朝时福建莆田县湄州地方有个叫林默的女子,生前多次在海上救人,死年不到三十。由于当地居民靠航海打渔为主,那时舟船简陋,常遇不测风涛骇浪,人们便把林女敬为神明,称为"神女"、"龙

天后宫前殿

女",祈求有灵,化险为夷。这种幻想的传说在浙、闽、粤沿海一带广为流传,于是林女在民间慢慢成为保护航海之神的形象了。元朝南粮北运,改行海道,为消除航海者的恐惧心理,故乞求于神女,元世祖至元十五年(1278年),晋封林女为"护国明著灵惠协正普庆显济天妃"。在此以前,南宋高宗绍兴二十六年(1156年),已封林女为"灵惠夫人",南宋光宗绍熙元年(1190年)晋封"灵惠妃"。在南北各地沿海漕运经行的地方,均建祠宇,称为"天妃宫",以为海运祀祷之所。

"飞翻海上著朱衣,天后加封古所稀。六百年来垂庙飨,海津元代祀天妃。"(崔旭诗)元代海运糟粮至直沽,再转输北京,海运艰难,"风涛不测,粮船漂溺者无岁无之",为祈求出海安全，天后宫随之而建造在海河之畔。

天后宫坐西朝东，建筑面积2500平方米，是一组宗教味儿和民俗味儿兼而有之的古建筑群。从外向里，依次有戏楼、幡杆、山门、牌楼、前殿、大殿、藏经阁、启圣祠以及分列左右的钟鼓楼、配殿和张仙阁等。除藏经阁、钟鼓楼和张仙阁系民国重建外，其余均为明、清建筑。

戏楼为酬神演出之所，坐东朝西，面对大殿，前沿两侧是明柱，台口设护栏，天幕正中有"乐奏钧天"横额，两侧各挂横匾"扬风"和"圪雅"。天后宫的幡杆与一般寺庙旗杆不同，是由船上的桅杆演变而来，幡上绣"敕封护国庇民显神赞顺垂佑瀛堧天后圣母明著元君宝幡"字样，间悬红色大串灯笼，南、北杆各高26.2米和25.94米。昔日海河上下无高层建筑，方圆数十里都可看见。

山门，九脊歇山顶，青砖拱卷结构。门额以整砖镌刻"敕建天后宫"五字，乾隆十四年建。木结构二柱一楼式的牌楼为元、明时代天妃宫前的标志，原额有"护国庇民"字样，清康熙十三年重修后，正中悬"天后宫"三字木匾，斗拱下边正面是"海门慈筏"横额，背书"百谷朝宗"。

前殿原是乾隆扩建前的山门，为面阔三间的过堂殿。前檐正中门额"三津福主"。殿内泥塑五尊神像。大殿是天后宫主

天后宫大殿

体建筑，在高大的台基之上，由三座建筑"勾连搭"组成。中部为七檩草檐庑殿顶，面阔三间，进深三间。前连卷棚悬山顶抱厦，面阔三间，进深三间。后接卷棚悬山顶凤尾殿一大间。斗拱五踩重昂，从斗底内颅呈明显曲线，昂底平伸较长，昂咀削薄、平板枋断面宽度大于大额枋等特点，这些都具明代中晚期风格。

天后宫最初是为船工祭祀海神天妃，举行酬神演出及聚会娱乐的场所，每逢漕船起航或抵达，都要在这里举行隆重的仪式，漕船上捎带的物品也在此出售，宫南、宫北一带便也就成了天津最早的商业区。至明清时代，漕运遂以河道为主，然而天后宫作为祭神祈顺的地位并没有因此而降低。农历每月初

一、十五,逢年过节,这里香火极盛。尤其是农历三月二十三为天后诞辰,每年的这一天,都要在庙内举行道场,以示庆贺,一时善男信女争来进香,庙内有时演戏酬神,繁闹非凡,故称之谓"娘娘会"。相传因一次清乾隆皇帝下江南,路过天津,船泊三岔河口,正值娘娘会,乾隆一时高兴,要看出会盛况,看完后赏了两面龙旗,并赏给跨鼓鼓手四人每人黄马褂一件,鹤龄会鹤童每人金项圈一个。经此一番隆重赏赐,此后便改称"皇会"。"皇会"之日,表演龙灯、高跷、旱船等,百戏云集,万人空巷。当时天后宫的繁华景象,有诗记载:"旗贴危樯集万艘,碧溟漕运溯元朝,天妃庙貌依稀在,金鼎香烟绕绣袍。"据说民国二十五年(1936年),天津举办了最后一次"皇会"。"皇会"内容丰富多彩,非常热闹,当时对社会有相当大的影响。可是,那次"皇会",不仅天后被偷,"皇会"中价值三万金的大珍珠在光天化日之下,竟落入巨盗之手,可知所谓"皇会"已远离酬神的本意。但不管怎么说,旧时的"皇会"在展示一些具有民族色彩的传统文艺表演形式,以及促进经济的繁荣上,还是有一定作用的。

"先有天后宫,后有天津城",这是天津人对城市发展的通俗而生动的说法。天后宫是天津城市发展的历史见证,也是天津民俗文化的发祥地与摇篮。作为天津早期城市发展的象征,天后宫于1954年被公布为第一批市级文物保护单位。1957年对宫内主要建筑进行了维修油饰。1985年经全面修复，被辟为天津民俗博物馆。

焚香啜茗细谈心

——大悲院

"窑洼木叶动萧森，一棹将来冷不禁。秋色无多雨里过，诗人几个寺中寻。未开菊径犹疑浅，才入芦塘便觉深。半坞白云真可爱，焚香啜茗细谈心。"

清初天津诗人张霔的《九日寻秋大悲院》一诗，对当时大悲禅院的秋日美景作了绘声绘色的描述。

三百年过去，这座地处河北天纬路上的佛教古刹历经风雨，今天，它作为天津佛教活动的中心和著名的文化胜迹强烈地吸引着八方来客。

大悲院始建于何时？朱彝尊的《大悲院记》和《天津县志》等文献记载：清顺治年间，有一位叫世高的僧人住在这

清康熙年间修建的大悲院旧庙

里。他以慈善为本,广结善缘。"夏以水,冬以茗果,施往来之人";而且擅长作诗,与天津诗人张霔、黄谦等人结草堂社,诗友间往来密切。当时的天津卫守备曹斌也是世高的朋友。他曾捐献自己的俸禄,施舍木材,在大悲院筑室三楹。曹斌是浙江人,其在津就任时为1657—1664年。这说明,早在清王朝刚刚建立之际,大悲院已经存在。但它创建的确切时间已经无从考证。

康熙八年(1669年),大悲院重新修建,即现在的西院留下的三座殿。中殿供奉释迦牟尼像,后殿供奉千手观音像。千手观音像用柏木雕成,表层镶纯金,光彩照人(一直保留到

大悲院旧貌

"文革"时,才被毁掉)。当时寺院占地56亩,僧人世高已不在人世,周围环境仍然比较荒凉。清朝著名诗人崔旭所作《游大悲院》诗即反映了那时的情景:"泊船寻胜迹,古刹潞河东。地僻无人伴,芦深有径通。香烟明午日,幡影动秋风。不见高僧在,当年法座空。"

清朝末年,京津一带,战事频繁,大悲院也难逃厄运。尤其是庚子之役,僧侣四散,李鸿章又在此驻军,后来在寺院旁建立了铸币厂、铁工厂。民国年间,警察派出所、消防队、法院看守所、煤店都曾占用过寺院。1940年,鉴于大悲院远近闻名,各方云游至津的僧人、信徒,均来这里参拜,于是请倓虚法师主持,向社会募款,扩建大悲院。经过7年的苦心经

20 世纪 40 年代修建的大悲院山门

营,才在东院建起天王殿、大雄宝殿和大悲殿。解放以后,人民政府重新作了修整。1954 年,增修了山墙、寮房,油饰了佛殿廊房,并在寺院内建立了中国佛教协会天津分会,举行过多次重大的佛事活动。

大悲院不仅以它古老的历史和精美的佛像而闻名,而且也以曾经供奉过唐代玄奘法师的灵骨著称于世。1942 年,日军在南京中华门外建神社时,从地下发现了玄奘法师的顶骨,当时被日军拿走一部分,留下的五份,分别供奉在天津、北京、南京、广州和四川。天津于 1954 年将顶骨供奉在大悲院。1956 年,应印度政府的请求,经周总理批示,将天津大悲院的这块顶骨送往印度,以加强中印两国的文化交流。先由佛协派温悟等四位僧人护送至北京,转年由达赖喇嘛率代表团送往印度。尼赫鲁总理在那兰陀寺召开有五万人参加的大会,拜迎玄奘法师顶骨。中国政府还捐献了人民币35万元在那兰陀寺建玄奘法师纪念堂。在大悲院,尽管玄奘的顶骨不在了,佛教信徒一直把模拟塔代替顶骨供奉参拜。

本世纪初新建的大雄宝殿

大悲院经过近年来的不断修建已焕然一新。院内朱门绿瓦,佛坛高筑,松柏参天,庄严静穆。现有旧庙和新庙两部分,并设有玄奘法师纪念堂和弘一法师纪念堂。寺院内还珍藏着魏晋南北朝至明清各代铜、铁、木、石造像数百尊,具有较高的艺术价值和文物价值。1983年被列为全国重点佛教寺庙之一,成为天津市接待中外宗教界人士和观光游览朝佛的胜地。

唱酬诗句满回栏

——香林苑

香林苑曾是一个风景如画的地方，南北运河在它面前交汇，注入波涛滚滚的海河；香林苑又是清代天津文人的雅集之所，无数诗歌佳作记录了天津文化的兴盛。今天，这处津门胜迹虽已消失殆尽，但是，它对繁荣地方文学所起的凝聚作用，却永远载入了天津文化的史册。

地处三岔河口以北的香林苑，在清朝康乾时代，是一处有石有水、有草有树、有花有禽的园林式道院。苑内有若楼居、玉笈山房、抱瓮园、磐石、望雪亭、草花亭、草花渠、乱云岛、竹圃等多处景观，还有苑主亲自开辟的 10 余亩菜园，豢养着仙鹤等等，被文人们盛称这里是"津门之小天台"。

香林苑的创始人是康熙初年天后宫道士李怡神。李怡神的弟子王聪，字玉笈，号野鹤，是位很有才气的人。他好读书，善诗文，通书画，擅琴棋，喜与人交。《天津政俗沿革记》对他有"以风雅著称一时"之誉。平生著有《香林史略》、《王野鹤诗》等。这位野鹤道士就是后来香林苑的苑主。

王野鹤嗜诗甚深，作诗尤精，堪为清初津门的一流诗人。一些书上提到，王居处的廊庑户壁，粘诗笺无隙，有人戏称其斋室为"诗厂"，可见他痴心于诗已到何种程度。王野鹤的诗高洁古瘦，戛然奇妙，有如鹤鸣。其《游田盘云罩寺》、《登崆峒山》、《天成寺》等数首诗作分别被智朴编的《盘山志》和梅成栋编的《津门诗钞》收入。《青沟对月忆草堂诸友》一诗还被收入乾隆《钦定盘山志·艺文》之中。诗云："好是青沟月，能开众壑烟。晴晖照素壁，冷露湿冰弦。鸟宿三盘树，鸣归万里天。青山虽有句，谁寄草堂前？"天津著名学者、王野鹤的好友张霔在《王野鹤古诗跋》中提到："野鹤学诗四五年来，唯究心律体，日益之炼。近忽肆志于古，而且下笔松动，落韵稳响，得自然之妙。始悟向于律体，备极拮据，而叹其缚不觉也。"这不仅是对王野鹤作诗（尤其是古诗）的高度评价，也是对王野鹤才智与悟性发出的由衷的赞叹。

王野鹤一生最大的贡献在于他以香林苑为依托联络了清代

一大批颇具影响的文人学者，并藉此催发了整个天津文坛的繁荣。王野鹤后来作为香林苑的苑主，在苑内垒石造景，养花植树，广交诗友、文友，使得这里很快成为远近闻名的文人兴会之地。当时天津知名书画家、诗人，如龙震、张霆、周焯、朱函夏、韩成封、梁洪、陆石麟、查为义等，均与王野鹤诗酒唱和，过从甚密。盛夏时节，来此纳凉小聚；隆冬之季，来此吟诗赏雪。如龙震曾作《王野鹤开园》诗道："闲闲十亩间，道士有所慕。尽除芳草根，独留苍松树。开畦引流泉，往来亲指顾。欲种东陵瓜，不栖南山雾。"水西庄主人查为义作《香林苑赠王炼师野鹤》诗道："琳宫河濡上，青苔满院滋。入门同佩景，把袖胜餐芝。月榭吹笙静，风尘捣药迟。湛园遗墨在，留玩拂珠丝。"文人们在王野鹤这里雅集晤谈，进行诗艺交流，在天津形成一个颇具影响的诗歌群体。据不完全统计，清初天津文人仅在香林苑留下的诗作不下数十首。可以说，当年天津文坛的兴旺，与香林苑这一"文化沙龙"有着密不可分的关系。

自清初至清朝中叶近二百年中，不但天津诗人与香林苑结下了不解之缘，一些南北名流学士也来此结识天津诗人与学者。曾博得康熙皇帝"故学有渊源，于诗尤粹精"（御制《怀旧》诗句）赞语的浙江嘉兴籍学者钱陈群便是在香林苑认识了天津学者龙震的。钱在《东溟又存稿序》中说："余游香林道院，见一人白疋朱履，与道士欹坐庭树间，作吟声者，余亦遂入就坐，因识东溟（龙震）。"浙江籍文人汪沆、刘文煊也都是香林苑的座上客，并留有多篇与王野鹤等人的唱和之作，进而也促进了津门与外埠的文化交流与沟通。数十年后，乾隆皇帝巡幸天津时，也多次到这座道院进香，写下了《香林苑瞻礼作》等诗篇，还特意为该苑赐名为"崇禧观"。观内的匾额、石碑、楹联均为乾隆皇帝亲书。

令人惋惜的是，第二次鸦片战争后，崇禧观一带成了帝国主义的驻地。同治八年（1869年），崇禧观等建筑被法帝国主义拆除，在原址建造了天主教堂和领事馆。至此，香林苑便不复存于世间了。

香林苑的创建标志着天津文化的勃兴；香林苑的拆除铭刻着我们家乡横遭帝国主义摧残和瓜分的屈辱。

百川一样到瀛洲

——三岔口

狮子林大街西头的狮子林桥附近，就是天津市区最早的居民聚落点和天津经济文化的发祥地，这儿就是老人们常常提到的旧三岔河口。

早在唐、宋时代，我们居住的这个地方，地势低洼，河湖港汊纵横，只是沿河一带才有星星点点的小村落。旧三岔河口是海河、卫河（南运河，也称御河）和潞水（北运河）三水的汇合之处，地势又高，便成了航运码头，进而形成一个较大的村落，叫直沽寨。

直沽寨到了元代得到进一步繁荣。那时，直沽寨附近驻扎着军队，控制着海口和南北运河。元朝的首都大都（今北京）

清代漕粮经海河或南运河至三岔河口转驳进京。

图为漕船转卫（天津）版画（见于《畿辅通志》）。

所需的粮食，要通过海路和运河从南方运送，三岔河口作为海运的终点和漕运的转运重地，南来北往的官员、客商和船工多聚集于此。"晓日三岔口，连樯集万艘"的诗句，真切地反映了当时的繁盛景象。另外，这一带还开辟了大块的盐田，沿三岔河口海河东岸向南延伸的狭长地带，是专门储盐的地方。因这里的地理位置日趋重要，元延祐三年（1316年），直沽寨改名"海津镇"。

明朝初期，镇守北平（北京）的燕王朱棣，为夺取皇位，率兵在三岔河口附近（据说在现今北大关）渡河南下，兵发沧州，取得了胜利，于是将海津镇命名为"天津"，意思是此处

乾隆年间绘制的《潞河督运图》
中展现的三岔河口附近的景象

乃天子之津梁、天子经过的渡口。永乐二年（1404年），在三岔河口西岸筑城设卫，这才有了天津城。朱棣赶跑了建文皇帝朱允炆，自己当了皇帝，将首都从南京迁到北京。而京城的粮饷仍依靠南方供给，三岔河口的漕运在这个时期有了更大的发展。每年都有庞大的漕船队伍到达三岔河口。粮船一到，从南方带来的瓷器、布匹等物品布满了街道，使贸易活动日益频繁，促进了天津的经济发展。此情此景诚如清人崔旭在《津门百咏》所称："渭清泾浊此交流，也似三叉路尽头。莫道两来原异派,百川一样到瀛洲。(《三岔口》)三岔河口一带商业、盐业、运输业的兴盛,又催发了明、清两代天津的文化教育事业,孕育了一代又一代的才人学子。

乾隆年间英国人绘制的三岔河口一带景观

鸦片战争以后,中国的大门被打开,帝国主义的侵略魔爪伸到了天津,伸到了三岔河口。西方的哥特式天主教堂和一幢幢洋人住宅取代了中国的古建筑,中国的传统经济开始受到冲击,三岔河口的面貌也发生了变化。1918年,当局在三岔河口搞了个裁弯取直的工程。过去南北运河在这里汇入海河,裁弯取直后,南北运河改道,海河向北打通延伸,在现今的金钢桥附近与南北运河沟通。于是才有人把这儿也称作"三岔河口"。其实,古时所称的三岔河口是在现今的狮子林桥那里。

以上便是三岔河口的由来和变迁，它向人们展示了一千多年来，我们的家乡从一个小小的村落发展成为拥有数百万人口大都市的漫长历史。

处士风姿动雅怀

——帆 斋

"园中竹石费安排,处士风流动雅怀。欸乃声偏助诗兴,乱帆丛里是帆斋。"津人华鼎元的《帆斋》诗把我们带入那超凡脱俗清雅古朴的园林佳境。帆斋的主人是颇受书画大师石涛推崇的书画家、诗人和学者张霔(通注)。

帆斋建于康熙年间,是清朝初年文人雅集的重要园林之一。《天津县志》卷七记载,帆斋在三岔河口附近。据考证其地点大抵位于现今天津美术学院一带。园内有张霔读书挥毫的欸乃书屋,傍河临树,幽静宜人。又有琴海堂、云庵、阅耕堂、茶圃、旧雨亭、蝶巢、艳雪龛、诗星阁、卧松馆诸胜。园林庵馆皆本于天然,瓜花豆叶,竹林石影,居如村舍。文学家吴雯客居天津时，有诗《欸乃书屋为笨山作》："舍人读书处，近傍漕河滨。岂效临渊客？常逢晒网人。冰开鱼弄藻，花落鸟衔春。愧我风坐久，淹留受白蘋。"（《津门征献诗》卷四）从吴诗中可知，帆斋造园，风格质朴，与三岔河口的天然风光和渔家农舍连成一体，正与园主人张霔质朴的风范径相一致。张霔本人在说及帆斋时尝言："吾所居则帆斋也，既为帆斋，客有常处乎，此帆斋之义也。"（陈仪《玉虹草堂龙东溟传》）

张霔（1659—1704），字念艺，号帆史，一号笨仙，又号笨山，别号秋水道人。清天津人。他是曾任福建布政使、云南巡抚的大盐商张霖的从弟。以廪贡生官内阁中书。屡考举人不中，遂绝意仕进，专事吟咏。诗歌创作主张抒写性情，天马行空，不可羁络。其作品质而实腴，有较高的艺术价值，颇受时人好评。曾西游秦中，南逾大江。作诗达万余首，藏之石匣，曰："过五十载，当删定也。"可惜多已散佚，仅存有《绿艳亭稿》等。诗集中佳句甚多，五言如《咏风》云："云流无滞影，花动有余情。"《听蝉》云："调古声无曲，风高韵自清。"《感成》云："幽境诗为史，花林睡作乡。"《出都》云："云接峰千里，沙寒水一村。"《咏菊》云："到汝秋难老，从前花一空。"《和友》云："送秋辞菊圃，和句到梅村。"等等。嘉道间学者梅成栋在评价前代天津诗人时说："前有帆斋，中有虹亭，后有芥舟。芥舟诗骨之清，如冰壶玉碗，不著尘氛；虹亭格律清坚，选才宏富；笨山则如风鹄摩天，春鸣戏海。皆自成一家，足供后学之楷模。"（《津门诗钞》卷六）

张霔还是位极有造诣的一代书家。他12岁时即善临钟、王石刻。其草书全得张颠神骨，古逸苍劲，人以为宝。当时城内有"无量庵"三字额，系张霔所书，过者无不仰慕，后竟为僧人换去。郭世泰《津门古文所见录》卷四载华梅庄附语曰："予于城东刘氏家得笨山先生手抄自作诗一卷，……诗笔古建，……书法亦秀劲峭拔，足可宝贵。"天津历史博物馆《天津古代史陈列》，展有张霔楷书《金刚经》，可见其书法之一斑。

张霔的父亲和伯父经销长芦盐，富甲津沽，门业鼎盛，而张霔却萧然无与，筑帆斋颐情养性，广交大江南北文人名士。他的许多诗歌及书画作品大都是在帆斋中创作的，诸多的诗朋画友也是在这儿接待的。彼时，朱彝尊、吴雯、李大拙、姜西溟、王野鹤、查汉客等知名学者都是帆斋的座上客。据说石涛和尚也曾光临这里，与张霔晤谈。张霔曾作《观石涛上人画山水歌》、《听苦瓜上人说黄山歌即送南还兼怀南村宗长》等诗，与石涛唱和往还。

与帆斋关系最密的当属诗人龙震和张的内弟梁洪。张、龙二家本为世交，张霔和龙震的父亲曾同贫贱共患难，又同业盐于长芦,张家昌大,龙家亦丰足。后来,两人在香林苑不期而遇,又一同前往大悲院一层楼作登高会,从此结成生死莫逆之交。龙震尝作《记亡友张帆史交情始末》一文记述了两人十二年间的友情:"或一月一聚,或十日一聚,或一二日即一聚,或连日夜相聚。聚时即觅题吟诗,互相删校为乐。如此者,十二年如一日。"龙震在帆斋留下《雨中坐欸乃书屋》二首:"一载高轩竟未到,雨中偶坐似空江。开窗疑在蓬窗下,径草烟寒鸥一双。""瓜花豆叶影参差,雨过斜阳未落时。蝴蝶飞来复飞去,凉风满院一声棋。"梁洪,字崇此,号芰梁。祖籍大同(今属山西),后移家天津,筑七十二沽草堂。工吟咏,善书法,备受赵执信推重。梁洪在帆斋留有《帆斋与笨山夜坐》诗:"海天一片月,此夕得相亲。石影瘦于我,竹梢高过人。世情云去住,道意水涟沦。清赏各无语,萧然花处身。"

康熙四十二年(1704年),张霔无疾而卒,年45岁。据传张霔在世时曾梦见道士手持一符曰:"天上召公书《玉真经》。"遂一笑而亡。张霔故去后,帆斋随之而荒圮,成为天津的一处园林遗迹。

径平如掌任流连

——老夫村

老夫村在卫城东南隅海河边闸口以下,旧名"宁园",是清初天津著名文人龙震的私人园林。

龙震(1675—1726),字文雷,号东溟山人,又号由甲,清天津人。家世业盐,产业之一部分在其名下。龙震的哥哥龙霖(1640—1718),性豪侠好客,待继母以孝称。其子龙图跃在外做官,俸入不足,经常在经济上予以接济,并告诫说:"你为清白吏,我不惜破家相助;你若持官府中一物给我,我即不能再与你相见。"龙图跃亦不负父辈所说,果然为官清廉,任河南汝阳知府时,会河南各府以科派激变,官员多受处分,龙图跃独能以家财补亏欠,避免事端而处分得免。龙震好游喜

酒，龙霖也能遂其所好。在天津方志中，对龙霖、龙震和龙图跃两代三人各有褒扬。

龙震其人，性情放达开阔，虽巨富而不喜理财。一天，有吏役前来催租，他当即将自己名下的产业贱价出售，以避烦扰，其售价竟低至与所应缴纳之租额相等。亲朋们都为之惋惜，他却回答说："我不过以此取乐而已。我不从事盐业，吏役岂敢向我示威？"但是，龙震并非没有经营产业的能力，为了显示自己的才能，他曾试着做一次大的生意，竟获取巨额利润，但他从此不肯再干。康熙二十九年（1690年）曾参加乡试，一试不第，不复问津。后隐居一室，不与人交，独与张霔等相友，平日感慨皆发于诗，刻有《玉红草堂集》、《东溟又存稿》各若干卷。陈仪撰写的《龙震传》说他："许身如杜陵野老，与时牴牾，迄无所就，而托于诗。与同邑张笨山（张霔）相得，欢然无所间，皆喜为诗歌自娱。笨山尤称东溟之诗：疏荡逍逸，司马子长之文；浑脱浏漓，公孙大娘之舞剑器也。"龙震曾两游江南，一游山东，遇可惊、可愕、可歌、可泣之事，全写在他的诗文之中。"遇山水幽奇处，辄流连不忍去，凭吊感慨，至于泣下，既而发狂大叫，同游者皆骇，莫能通其意，往往拉野人道士与之同饮"（《津门古文所见录》卷四）。龙震能读佛道经典，与香林苑道士王野鹤相过从，开怀畅谈，久而不厌。

老夫村乃龙震晚年所筑别业。《天津县志》卷七记曰"老夫村，在闸口下。"即今自由道海河对岸的沿河一带。老夫村，又名"东溟别墅"，亦名"龙家别墅"。相传旧为"宁园"。龙震自称其为"玉红草堂"。题其诗曰"玉红草"，由此可知，老夫村也就是"玉红草堂"。该园占地五亩余，园内植竹千竿，屋檐葡萄萦绕，墙头薜荔笼烟，地面莓苔积雨，兼有荷池棋亭，不失幽居胜处。龙震晚年栖居于此，有《夏日闲居》诗："僻巷清风满，深林夏日寒。宅虽仅五亩，竹已足千竿。身懒浮云散，亭高午梦残。树间蝉寂寂，门外水漫漫。洗菜童临渚，锄瓜人过滩。素书凭石读，粗饭就松餐。有暑全无觉，何贫不可安。琴樽闭事业，蓑笠野衣冠。歌咏怀康乐，须眉愧木兰。虚名食耳易，古道问心难。磊落头空白，韶华指一弹。聪明皆陷阱，勋绩实危栏。瓦解游仙枕，冰消承露盘。秋方得地种，酒免向邻干。若是若非处，半醒半醉看。"龙震诗友查曦（1674—1738），字汉客，善医，工诗，人称其诗"长歌则天马奔驰，古调则神龙夭矫，律则风行碧水，截（绝句）则雨湿苍苔"。此人常来老夫村消暑散心，有《夏日集东溟别墅》诗："相逢何以慰知音？却启窗扉见竹林。一榻坐迟三径月，双樽闲对百年心。墙头薜荔笼烟重，地上莓苔积雨深。他日还期更相访，或来作赋或弹琴。"另有《老夫村消暑》两首。其一："数声蛮语花间鸟，一片江涛树底风。不许主人闲独卧，楸枰对弈小窗中。"其二："雨歇天晴日影移，万花一洗水盈池。无尘苔径平如掌，正是棋终散步时。"(《珠凤阁诗草》卷三)

龙震为人狂放不羁，年七十无子，郁郁而死。华鼎元《津门征献诗》对他的一生做了概括："东海诗人老布衣，锦囊篇什富珠玑。西湖风月盘山雪，几度流连乐忘归。"正是对龙震的真实写照。华的《津门征迹诗》又有《老夫村》一诗："老夫颐养伴林泉，三五良朋笑拍肩。一局棋终闲散步，径平如掌任流连。"说明老夫村建园一百年后仍延续为林泉颐养之地。

声闻十里接天高

——鼓 楼

津门俗谚:天津卫,三宗宝,鼓楼,炮台,铃铛阁(天津人念作 gǎo)。鼓楼被放在"三宗宝"之首,可见它在天津人心目中的地位。

鼓楼建造年代久远,但明朝正德年间所修《天津卫志》只记"钟鼓楼在城中十字街",却没写其始建年代。根据其它文献分析判断,对鼓楼的修建时间现今有两种不同的说法。

一种是依民国年间戴愚庵《沽水旧闻》所记:"鼓楼一作古楼,建筑远在辽金间,为屯兵瞭望之所。明初重建。后乃迎楼筑城。"认为迎楼筑城而成聚落的说法是有根据的。因《津门杂记》也说:"古楼,俗作鼓楼。"有诗也记:"古楼高耸在城中。"都作古楼，说明它的古老。同时鼓楼上所悬大钟是山东"滨州长老院化生"。旁边有"天德五年"（1153年）字样。钟是铁质，这几个字为锈所蚀。后人以为天津卫城既是明永乐二年（1404年）所建。鼓楼的钟也应是明代铸的，所以误以为字样为正德五年。这样一来，正德和天德相差357年。但仔细辨认，钟上所铸之字还是"天德"，而不是"正德"。天德是金代完颜亮的年号。那时黄河两岸有许多地方为金的领地，天津虽还未建卫，但已有不少居民点。如城南南门里的碱台子、东南城的井家庄、侯家台和现在和平路上的芦庄子等，都是元中叶就存在的居民点，有的甚至还要早些。

另一种说法是根据高凌雯《志余随笔》所记，为明弘治二年（1491年），是改天津城的土城为砖城时同时修建的。天津城初建时还是土围子（只北门砖砌，较壮丽），筑于明永乐二年。到了明代弘治年间，才用砖、石包砌城墙，大约此时修建了鼓楼，时间大约是弘治五六年间（1492—1493），因此项工程由兵备副使刘福主办，而他在任时间仅五年，大约就是这两年。而那口落有"天德五年"字样的大铁钟则是由山东滨州移过来的。——这是目前多数人持有的观点。

鼓楼，明代称"钟鼓楼"，但楼上始终有钟无鼓。"鼓楼之名，盖因更楼而起者。古者，督夜行鼓。""用以司晨昏，启闭

1921年改建前的鼓楼

城门",意即计时之用。至于或钟或鼓,则都是报时、计时工具。"每晨光熹微,钟鸣五十四杵。响将终,总兵署鸣炮应之,城门遂开。及夜分入亥,钟鸣炮应如之。城闭而杵声起矣。"(《志余随笔》)东面额题:"声闻于天。"据老人们说,建造鼓楼的大砖是定烧特制的,伐的穴成拱形,几块大砖做地面,四周成圆形。鼓楼的中央是空的,风往上面拔,拢音,所以钟声传得远。以至晴天时鼓楼的钟声最远可传到城西30里的杨柳青。城门启闭亦以钟为号。人们根据钟声还可判断天气的晴晦风雨。楼上供着三尊三仙像,即胡大太爷、胡二太爷、胡三太爷,香火极盛。清人华鼎元有诗描述:"楼矗中央特地高,天晴霜重响蒲牢。暮灯晨梦相催促,醉拥寒衾听几遭。"唐尊恒亦有诗道:"古楼高耸在城中,南北东西四路通。一月两回香火盛,此间供奉是仙翁。"

旧时的鼓楼,楼高三层,是天津城内的最高建筑。登上鼓楼,可将四外景物尽收眼底。故清代天津诗人梅宝璐(1816—1891)撰写一副楹联曰:"高敞快登临,看七十二沽往来帆影;繁华谁唤醒,听一百八杵早晚钟声。"楹联为木制,悬挂在鼓楼的北面。梅宝璐字小树,其父梅成栋是清道光年间天津诗坛的盟主。此人幼承家学,精文翰,工诗书,有《闻妙香馆诗集》行世。且好交游,不仅与南北诗人相酬唱,还与外国诗人结为知音。他在《七十自嘲》一诗中写道:"何曾浪迹涉江湖,文字因缘到海隅。裒曲竟邀天下目,半为贤达半通儒。"自述:"朝鲜贡使,越南星使,皆以词翰相投赠,成至契焉。"梅宝璐为鼓楼撰联,不仅给鼓楼本身赋予"诗的生命",而且其人也因此而愈加闻名乡里。后来鼓楼重修,楹联不存,津门著名书法家华世奎慕其大名,又书写梅之原句,挂于原处,并作鼓语,附记楹联之上:"乡先辈梅公撰斯联语,悬诸楼壁,有年矣。经庚子之乱失去。客岁以楼基低仄,鸠工重修,今年春落

1937年前后的鼓楼

成。碧瓦丹楹,焕然一新。乡人既取城门古名,属余书楼下四面门额,并补制前联,以复旧观。嗟乎!高敞依然,繁华日甚。读公斯语,不觉有动于中也。公名宝璐,字小树,诸生。壬戌夏五月,华世奎书并识。"登上鼓楼不但可以看到河上的帆影,更可望见周围七十二沽,真是天津一大胜迹。

1900年八国联军攻破天津城后,不仅鼓楼遭劫,而且洋人在鼓楼上架起机枪,居高临下射击人群,尤其北门一带,死伤的人非常之多,惨不忍睹。此情此景《天津一月记》记述最详。

鼓楼于民国八年(1919年)被拆除,民国十年(1921年)重建。解放后,随着建设的发展,有碍交通,于1952年8月又被拆除。鼓楼内古钟先是移到天津大学,后由天津历史博物

2002 年新建的鼓楼

馆收藏。2002 年随着旧城改造又在原址建起一座辉煌壮丽的新鼓楼，成为津门一景。

七台棋布自崔嵬

——炮 台

有人认为"天津卫三宗宝之一的'炮台',指的是大沽的炮台",这纯粹是一种误解。天津卫可以称得"宝"的炮台,应该是明代环城修筑的七座炮台,即所谓"七台环向"。清初诗人张志奇把"七台环向"列为"津门八景"之一,且作诗曰:"畿辅岩疆有驻师,七台棋布自崔嵬。时清无复惊烽火,尽日灵风卷画旗。"

天津卫的七座炮台,据《天津卫志》记载:"崇祯十二年(1639 年)城外拨民地建炮台七座";《县志》记炮台"正南一座,海光寺;东南一座,马家口;东北一座,三岔河北;又一座,窑洼河南;正北一座,西沽;西北一座,河北邵公庄;正西一座，双庙"。这是由于当时农民起义军揭竿而起，建炮台是用来防备李自成起义军的，有人说是用来防倭的，但这种说法靠不住。因为倭寇入侵是在嘉靖年间，即16世纪末，而李自成兴军则是在崇祯年间，即17世纪中叶。李自成攻入北京后，炮台便失去了军事作用。

清王朝建立后，七座炮台依然耸立。顺治十二年（1655年），荷兰使臣哥页由水路进贡经过天津时，曾看到"在三岔河口耸立着的碉堡，高高的墙上筑有守望塔"，即是七座炮台之一的三岔河口炮台；并由其随员画下一幅素描画，记下了炮台的雄伟面貌。康熙十一年（1672年），在大同任总兵的宁夏人赵良栋（1621—1697）调任天津镇总兵。赵良栋调津后，视察城守，看到明代遗留下来的炮台极为重要，但因无人管理，已近于荒废。赵良栋于康熙十二年将炮台重新整顿修缮，每台增拨十名炮手防守。乾隆以后，天津防御渐趋松弛，炮台遂告废弃，但却作为"津门八景"（清代津门八景为：三水中分、七台环向、溟波浴日、洋艘骈津、浮梁驰渡、广厦舟屯、南原樵侣、西淀渔歌）之一而供游人观览了。嘉庆年间诗人崔旭有咏《炮台》诗："防御森严列炮台，绕城七处亦雄哉。升平时节闲无用，断壁残基长绿苔。"无名氏《炮台》诗："近海严防卫，犹存旧炮台。烟云前事往，风雨早潮来。小市争先集，轻

建于明末的三岔河口炮台

帆趁远开。沧波流不息,胸次洗尘埃。"均反映了当日炮台及其周边的景象。

"七台环向"的七座炮台至清代中叶的天津府地图上就只有三岔河口和邵公庄的两座炮台了。邵公庄炮台后来被南运河冲刷而渺无踪影。到了清朝末年,仅有三岔河口的那座炮台得以存在。

三岔河口炮台之所以留存,与这里的战略地位和当时的军事防务有关。三岔河口炮台南扼三河(海河、北运河、南运河),北拱京师,军事地位之高,居于七座炮台之首。1840年英帝国主义发动鸦片战争,北上闯入大沽口,海口炮台与帝国主义的初次交锋中即告失陷。事后,清政府令顺天府大规模采办木料,重建炮台,除海口外,还在天津、双港等地增建。同治九年(1870年)李鸿章驻节天津,加强军事布防。同治十三年(1874年)重建水师营于三岔河口,同时命大名镇总兵徐道奎在三岔河口北岸重修炮台。

清同治十三年(1874年)由大名镇总兵
徐道奎改建重修的三岔口炮台

这座炮台从形制到规模均不同于前。炮台围墙高2丈,周围长2.3丈,墙体用三合土夯实,外砌青砖,故有黑炮台之称。围墙外近河一面,加筑一人多高白色齿状矮墙一道,适合近距离射击需要。炮台内最具民族特色的建筑是一座砖筑五层八角形瞭望塔,塔高约5丈。塔基高出地面约5至6尺,塔身四层,每层八面各开瞭望窗一个,窗上分别镶有八卦符号。最上层为尖顶瞭望亭。塔门口有石刻对联一副，联句不见记载，无从考稽。十年前有人曾在河北区政府工地见到一块宽约一尺、长约五尺的残条石，上刻"登临恣一览，拓开万里四夷……"之句，可能就是石联的遗物。李鸿章仿长江水师之制，设督标水师中营管带官1人、哨官32人、水师兵匠共476人，舢板战船32艘，驻三岔河口炮台，故此炮台又有"水师营炮台"之称。

重建的三岔河口炮台由于清政府的腐败，其威力未见发挥。然在1900年反抗八国联军入侵时，三岔河口炮台利用更新的武器"像火山一样地喷出了炮弹"，配合义和团狠狠打击老龙头火车站和紫竹林租界的侵略者。八国联军虽专门为对付该炮台调来十二磅的重炮，但只是将炮台的瞭望塔炸坏，炮台仍岿然矗立在三岔河口。八国联军对三岔河口炮台恨之入骨，惊呼炮台火力"是我们所有伤亡的根源"，强烈要求拆除。在八国联军的压力下，清政府于光绪二十七年（1901年）9月25日将其拆毁。

近30多年来，三岔河口炮台遗址文物三次被发现。一次是在1969—1970年间的"备战"施工中，在这里挖掘出40棵梅花桩，应是当年炮台的基础。其北是"北大营"，即水师营。第二次是1983年河北区政府翻建办公大楼时，从地下挖出一

被毁后的三岔口炮台

门大炮和炮台台基木桩。第三次是在1985年狮子林大街小学翻建教学楼时，挖掘出原来预备充作军饷的铁铸咸丰钱币。这些发现，都证明了三岔河口炮台基址之所在。炮台虽已无存，但当年炮台的雄姿和那段历史风云却深深镌刻在天津人的脑海中。

杰阁千寻藏贝叶

——铃铛阁

现今的铃铛阁中学旧时为稽古寺藏经阁,主体建筑两层,因阁基高出地面丈许,虽为两层,望上去却是巍峨轩昂,气宇不凡。铮铮然蜚声海内的"天津卫三宗宝:鼓楼、炮台、铃铛阁",指的就是此"阁"。

铃铛阁为砖木结构形式的古老建筑,风格古朴庄严,通体雕梁画栋,蔚为奇观。关于它的坐落地点和修建年代,据《新校天津卫志》载:"藏经阁,在城外西北角。"《天津县新志》卷二十五:"藏经阁在城西稽古寺,明万历七年(1579年)建,重檐回出,风铃远闻数里,人呼为铃铛阁。"清人汪沆诗云:"驶驶高阁接青冥,甲乙签排贝叶经。静绮阑干看落照,忽闻天半响风铃。"且有小注称："稽古寺有藏经阁,一名铃铛阁,杰崎西郭,可供远眺。"《志余随笔》描述说："阁两层,宽五楹,飞檐四出,如鸟张翼",并且"椽端各系以铜铃长尺余,四周多至千百,每风起铃动,先后疾徐,参差不断,声之到耳若有波浪,清澈可闻二三里。"在飞檐奇突的阁顶,四周屋脊房椽各端,皆系以精制铜铃千余只,不仅美化了整个建筑,又可防禽鸟栖息筑巢而玷污楼阁,真可谓一大景观。每有微风习来,铜铃便发出悦耳的碰撞声,传至数里,风闻远近,更为天津卫增色不少。随着时间推移,"约定俗成",天津人将稽古寺这一整体建筑融为铃铛阁了,铃铛阁便叫响了。近年也有人经过考证认为,稽古寺与海会寺东西毗邻,铃铛阁当位于两寺之间,此说也有一定根据。

早年的铃铛阁内藏佛经 16 柜,其中《大藏经》几乎包括全部汉语佛教经典,版本上乘,十分珍贵。后因稽古寺久而失修,遂于清康熙三十八年(1699 年)由僧人含光及天津道署捐资重修,特请来南方名匠,仿照黄鹤楼款式修葺一新。同时扩建平房数间,以作考文之需。凡未进仕的读书人均可报名在此应试。官方命题,士子答卷,成绩优良者皆酬以奖金。从而吸引了许多学子,故当时铃铛阁又有"寒士赖以举火者不乏其人"之说。

《曝书亭集》卷六十七收《天津卫稽古寺重修藏经阁记》一文详细记载了当时铃铛阁的景况:"天津卫属京畿之冲,城之西门有稽古寺藏经之阁崎焉。地近海多飞沙晦冥。岁未久,阁圮。浮屠含光者新之。予蚁舟道此登焉。夕阳在衣,风铃铮然,翔鸟上下,为之目旷心怡。含光语予曰:'凡吾材之所需,井税之人,升盎之储,积之累牵始成焉。惮阁之颓而经藏将失也。'今缙绅学士,诵法周礼,其于《六经》百氏之书,旧闻放失,往往置勿问。而府州县学或倾废不治,不有愧于佛氏之徒也哉!浮屠之言,虽非圣人所与,而能崇奉其教,以兴废自任如含光者,殆亦圣人之徒之所进也。遂为文以记之。"该文作者朱彝尊(1629—1709)乃浙江秀水人,康熙十八年(1679年)以布衣举博学鸿词科,授翰林院检讨,参与修撰《明史》,此人藏书八万卷,室号曝书亭,诗与王士禛齐名,时称"南朱北王",又是浙西词派创始人。朱彝尊与天津宿有渊源,曾多次来津。《天津卫稽古寺重修藏经阁记》的写作时间应在他50岁入选翰林之前。

清乾隆、嘉庆年间,津门文风大盛,铃铛阁又设置了藏书楼。书籍大部分为当时社会名流所捐赠,多为稀世之珍。海内孤本达数百种之多,尤以元、明人手抄本及六朝写经40余卷最为珍贵。据《县志》载,每年农历六月初六为"晒经节",

是日阁内全部藏书均置于阳光下晾晒,驱虫防腐,并借此良机供人阅览,以飨读者。当时津门一些文人学士纷至沓来,先睹为快,一时间盛况空前。

光绪十三年(1877年),因稽古寺僧人沙圆、普泽不守清规,先后变产挥霍,作乱潜逃,寺内无主。邑绅崔铨、杨云章等十余人将寺院改做"稽古书院",以经解诗赋课士。光绪十八年(1892年),因稽古寺附近一材厂失火殃及铃铛阁,可惜这一著名古迹付之一炬,成为千古憾事。后来津人才有"鼓楼拆炮台倒,大火烧了铃铛阁"的说法。据说起火的原因是:铃铛阁旁有空地不及一亩,被一木商购去栈存木料,并在阁旁建屋。有数人每日锯木,然后将所锯木板立在阁墙下晾晒。一日不慎失火,邻人闻警争先救火,而这个木商却持刀站在门口,禁止人们入内救火。木商只顾搬抢木材,时值西北风大作,火势蔓延,结果铃铛阁全部被焚,阁中藏经也未免于难。还有人传说,阁中所藏经书有数部为一乡邻居士借去抄阅,火后归还。果真如此,则那些珍贵佛经尚能保存若干,也算是天津幸事了。

铃铛阁焚毁后,光绪二十七年(1901年),由津门学者高凌雯、王世芸等倡议以稽古书院为基础创办天津普通学堂,并起名为"天津官立学堂"。随着历史的变迁,这所早期学堂多次更名为"官立中学堂、天津府中学堂、天津中学堂、河北省立天津中学堂、天津市立第一中学、直隶省立第一中学"等，解放后改名为"天津市第三中学"。1960年三中迁校移址，原校址为现在的铃铛阁中学。

倘佯在芥园道上，你会瞧见铃铛阁中学那古朴庄重的门楼。在这块宝地，我们看到了操场上那棵参天的古树又抽出了新枝，吐出了新绿。

中堂严肃素王尊

——文　庙

天津老城东门里大街东口偏北处，矗立着一片古老的颇有气势的四合宫殿式建筑群，这就是天津的文庙。清人曾以"中堂严肃素王尊"来描述天津文庙的庄严和当年祭孔活动的隆重。

文庙又称孔庙，是纪念和尊祀孔子的庙宇。唐代封孔子为文宣王，下令在全国州、县建庙，称"文宣王庙"，简称文庙。《明史·礼志》："天下文庙，惟论传道以列位次。阙里家庙，宜正父子以叙彝伦。"明清时代，我国几乎大小州、县都建有文庙。孔子有素王之称，且被树为"百世文官表历代帝王师"，所以明清两代的文庙，其平面布局都是四合宫殿式，蔚为壮观。遗憾的是，这些建筑因时代的更替，许多地方已不复存在。

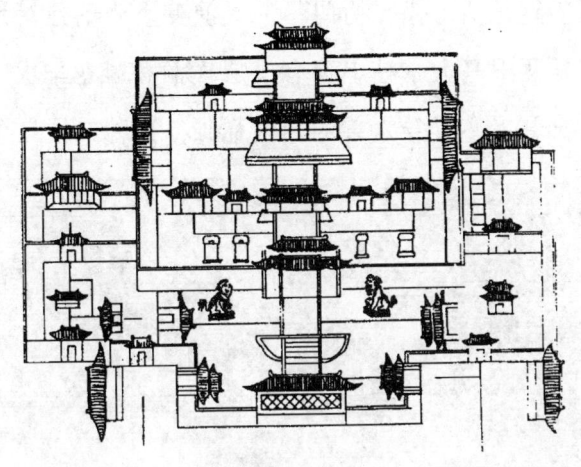

天津文庙图（《新校天津卫志》）

天津文庙作为津门名胜之地已被保存了五百余年。在天津，孔子作为圣人也被祭祀已达数百年。明朝永乐二年（1404年）在天津设卫筑城。32年后，明正统元年（1436年），为了兴学，天津左卫指挥使朱胜在其左卫卫所设立学宫，以其卫城东门里的住宅作为学舍，兴建卫学。这就是天津文庙的开端。至正统十二年（1447年）建成了奉祀孔子的大成殿，其后又增建了东西两庑。以后历经扩建和重建，天津文庙不但没有损坏，而且雕梁画栋，金碧辉煌，成为天津城内现存年代最久的一处古建筑群。

站在东门外向西望去，首先映入眼帘的是两座相距不远的过街牌楼。这是从汉代"衡门"形式演变下来的建筑形式。每座牌坊都是两根高大木柱上架有三层横额和雕龙华板，由层叠的斗拱支撑着三座五脊六兽的四阿瓦顶，这种二柱三楼式的木

天津文庙前院

结构造型，在我国现存的牌楼中极其少见，堪称一奇。这过街牌坊的横额上，一座题有"德配天地"，一座题有"道冠古今"。

在这两座牌坊之间的路北侧，有一面红墙青瓦的照壁，照壁里面，便是那组宏伟的宫殿式的四合古建筑群。文庙院落共四进，由南而北，从万仞宫墙的照壁之北前行，东侧是大门，名曰"礼门"，进门有刻着"义路"的牌坊迎在前面。向北即踏上半圆形泮池上架着的那座白石桥。泮池来源于《周礼》的"辟雍"，原意是周天子设置的四面环水的大学堂，人们踏上泮池，就好像进入了最高学府。过了泮池，继续往北，进入棂星

门、大成门、大成殿和东西两庑,最后一道是奉祀孔子父母的崇圣祠。

最初,天津文庙只有一处,清雍正三年(1725年)天津由卫改州,九年又由州为府,府辖首县也是天津,于是便在雍正十二年(1734年)把最早建成的文庙升为府庙,又在其西边建起县的文庙,其布局与府庙大体相似,只是规模略小于府庙。从此府县两庙东西并列。

封建统治者尊崇儒教,故按照旧时规定,每年春秋两季天津都要在文庙各举行一次对孔子的祭典。在"仲春、仲秋之上丁日祭奠孔子谓之丁祭"。春季在二月,叫做"春丁";秋季在

1914年的文庙祭孔仪式

八月,叫做"秋丁"。每逢春、秋丁祀孔,府庙由知府主祭,

县庙由知县主祭。辛亥革命以后，废除府治，府庙改为由驻天津的最高地方官主祭，县庙则由地方士绅主祭。农历八月二十七日是孔子的生日，此次祭礼最为隆重，地方官员都要到文庙参拜，届时"钟鼓齐响，笙歌共鸣"，热闹非常。这一天，所有的学校都要放假，要集体向孔子行礼，还要吃一顿捞面，聊表纪念"孔诞"之意。

据老人们讲，在天津文庙里，有一个训练"乐舞生"的组织。天津社会教育办事处印过一种"圣迹图"，祭孔时要用哪些古乐器，摆哪些祭品，行什么礼，乐舞生全都得熟悉。他们在举行祭孔典礼时，穿古代服装，担任奏乐、献供、唱礼、引导等服务工作，事后每人可以分得一点祭肉。

民国时期，章钰、章梫、严修、华世奎等社会名流曾在这里开设崇化学会，延请诸多名宿在此讲学。崇化学会以研究国学为主，招收16岁以上、30岁以下学员，学习科目有义理、训诂、掌故三门。该会一直维持到天津解放，培养出许多当代学者和专家。

新中国成立后，文庙受到人民政府的保护，1962年公布为天津市文物保护单位，并设有保管所专事保护之职。

年年四月警时巡

——城隍庙

"聪明正直合称神,保障苍黔祀享新。戢暴安良伴邑宰,年年四月警时巡。"

清同治年间天津学人华鼎元的《城隍庙》诗道出了这座古庙在天津卫的地位和昔日城隍庙会的热闹场面。

天津城隍庙坐落在天津老城内西北角的府署街(也叫城隍庙街),始建于明永乐四年(1406年),成化十九年(1483年)重建,清雍正四年(1726年)邑人缪启乾捐建后楼五座,亦为三津一大古迹。庙内有两个大殿,府、县城隍各据其一,均有塑像。后有一寝殿,塑有府城隍卧像。殿楹有联曰:"唯神则明,无惭衾影;夫微之显,不爽分厘。"县城隍庙有戏台,戏台有楹联一副,为天津名士梅宝璐所书,文曰:"善报恶报,循环果报,早报晚报,如何不报;名场利场,无非戏场,上场下场,都在当场。"用意深远,颇具劝惩世人之旨。庙门两侧有配殿十间,乃"十殿阎君"殿,塑有不同模型的殿堂和刑场。寓意是:凡在"阳世间"做坏事的人,死后"受阎君审判",按罪受刑,有鞭打、锯身、割舌、下油锅、上刀山等;

建于明永乐四年(1406年)的城隍庙

做好事的人,则"打入轮回再转世做人"。据说这些模型均有活动机关,使人看了有一种恐怖感。

城隍庙会在每年的农历四月初一到初八举行。其间,最主要是初六的"鬼会"和初八夜间的"城隍出巡"。

鬼会,即由自愿或许愿人装扮的各式各样的"鬼",在初六这天,从四面八方涌向城隍庙朝拜、报到,集合后于午后出发,穿行于街巷,最后再回庙中。鬼类很多,形状各异,有"黑无常"、"白无常"(即上吊死的鬼),这种鬼连同戴的高桶帽子高有丈余。鬼腥鬼是女鬼型,表示是产期死亡的。这种鬼衣裳褴褛,脸上身上血迹斑斑,身背小包袱,步履蹒跚。意即这样死亡的人,其鬼魂大庙不收,小庙不留,只有到处游荡。开路鬼,手持三节鞭,是为出会或城隍出巡走在最前开路的。红犯,一般是由妇女装扮的有罪女鬼,身穿红色衣裤,由一背公文袋持钢叉的小鬼用铁链牵着,另一持钢叉的小鬼随后,边走边喊:"快走啊!为什么在阳世间不孝顺公婆啊!"并舞动钢叉作挑打状。红犯颠簸随行,摇摇晃晃,口中不住表示:"不敢啦!"此外,还有"牛头"、"马面"、"大头鬼"、"小头鬼"、"大烟鬼"、"财迷鬼"、"赌鬼"、"酒鬼"等等。这些鬼的衣服、鞭叉、铁链等,大都由扮演者自备。

初八是城隍的生日,这天夜里城隍要出巡。众承办恭恭敬敬地把城隍木偶搭上绿呢大轿。经过装扮的锯齿獠牙的"老都魁"和"老五魁"前后护驾。全体承办人随行于后。行列最前是会头,手持小铜锣,由锣声多少掌握行列的行止快慢。紧跟着是"开路鬼",边走边舞三节鞭,为城隍开路。相继是锣、旗、伞、扇、回避肃静牌等各种执事。跟着是唢呐乐队奏"大乐",下边是"香锅",供沿途善男信女把迎接城隍点燃的料香扔到锅里。最后是城隍大轿。由纸灯、羊角灯、火把照明,浩浩荡荡,威风凛凛。队伍由城隍庙出发,出西门走西关街,直奔掩骨会、白骨塔一片乱葬岗子地区。城隍在荒野下轿,"设公案,理鬼事",要为孤魂怨鬼申雪冤抑。"老都魁"侍立两侧,"老五魁"由"一魁"领先,其余随后,摇震钢叉,在乱坟中往复奔跑,并不断吹着尖锐的口哨,活像舞台上金钱豹手下的一群小妖。此时遍地喷燃烧酒,发绿色火焰,加重阴森气氛。"五魁"边跑边喊:"有冤的报冤,有仇的报仇!"公案上惊堂木连声拍击。时在深夜,野外一片漆黑,如此要闹到两三个小时才原队经西马路西北角进六条胡同返回城隍庙。这就是

天津城隍庙戏楼原状

所谓的"赦孤"。至此,城隍庙会的表演方告结束。会闭时,

庙外茶棚，只余残灯三五明灭，庙中人迹已尽，阴气森人，其名曰"残灯默庙"。

城隍庙会虽说是八天，实际上起码要热闹到农历四月十五。在这段时间里，庙内庙外，商贩云集，百货杂陈。食品小摊、小孩玩具，样样俱全。拉洋片的，演傀儡戏的，练武卖艺的，随处可见。焚香祝福、拜香还愿的善男信女，逛庙玩耍的游人，熙熙攘攘，热闹非凡。此情此景，清末民国年间戴愚庵的《沽水旧闻》作过详细记述。他在该书《庚子先之城隍庙会》一文中说："民间由初一至初六，入庙进香，购买儿童玩具，妇女开放逛庙游走。凡居沿会道人家，均须在门前搭台，台上搭棚，棚前悬以湘帘，接待亲友内眷，来此观会。"民国时《益世报》记者刘炎臣先生也曾在其《津门杂谈》中："天津城隍庙，每于夏历四月初一日开放，初十日止，在此十日内，香火盛极一时。"

清末民国间，城隍庙还流传过一些奇闻怪事。光绪十三年（1887年），有一少年，妻之妹病愈后，为其还愿挂灯，行之于城隍庙街，被众混混以瓦砾投之，几乎命丧黄泉。民初，庙会会首有一位滑稽者，见英租界皆由印度兵站岗，便将印度兵也编入诸鬼籍中，使高大身量的人乔扮，黑面虬须，头布白牙，执手杖，穿革履，作种种丑态。民国二十三年（1934

年），城隍庙又演出了一出城隍娶亲的闹剧：庙内最后一位主持道士李智深听说一未婚女子临终时说："城隍要娶我为妻。"遂假戏真唱，用木胎假人作"新娘"，为其与城隍操作婚礼，骗取香客们的祝贺财物，智深老道因此大发其财。

如今，天津城隍庙的遗迹已很难找到，人们只有从门前那两只躺倒了的石狮子身上看到它那饱经风霜的历史。

风光最数查氏园

——水西庄

天津古代园林最早见于史载的是明代正德年间户部主事汪必东在户部分司所建的衙署庭园——浣俗亭；驰名最早的是清代芦盐巨商遂闲堂张氏于康熙中期所建的问津园、一亩园；若从园林规模之大、造园艺术水准之高、鼎盛时间之长来论，则应首推查氏水西庄。水西庄在天津历史文化的发展中产生过重大影响，它是盐商文化的结晶、园林文化的精品、南北文化交流的窗口，也是津门儒雅文化的总汇。

水西庄是天津长芦盐商查日乾与其子辈查为仁、查为义几度经营的私家园林。位于天津城西五里的南运河畔，始建于雍正元年（1723年），雍正十三年（1736年）规模已具。时任文渊阁大学士的陈元龙在《水西庄记》中言及查氏建园背景时说:"天行查君(查日乾),凤负异才,抱远识,少游京都,开津门之雄且沃。遂卜居者有年。暇日,留连水次,有会于心,乃选材伐石,辟地而构园焉。既成,亭台映发,池沼萦抱,竹木荫庇于檐阿,花卉缤纷于阶砌,其高可以眺,其卑可以憩

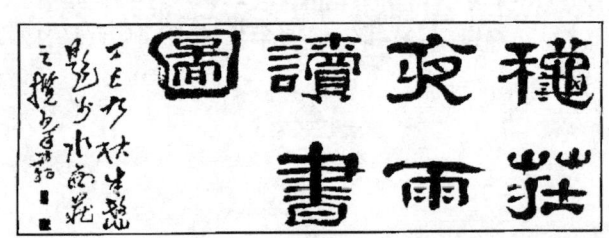

朱岷题《秋庄夜雨读书图》引首

清乾隆二年朱岷绘　《秋庄夜雨读书图》

也。津门之胜,于是乎毕揽于几矣。遂名其曰水西。"此后查氏不断对水西庄进行整修与扩建。乾隆十二年(1747年)增筑园中之园——"小水西",乾隆二十三年(1758年)复在园之偏扩建一"介园"。清高宗弘历出巡,分别于乾隆十三年、

三十六年、三十八年、四十一年，慕名四次留住水西庄，并即兴赋诗。一次春夏之交，园中紫芥盛开，他赏花赋诗，挥笔赐名"芥园"。从此，水西庄声誉更著。乾隆三十五年（1770年），在芥园东侧建了河神庙，园盛之余又添庙热之况。

水西庄方圆百亩。在造园构思上，选择了"面向卫水，背枕郊"、"近村仍近郭，通衢宜骑复宜船"的地方作为园址，可谓相地合宜；"斧白木以为屋，不加丹垩"，以人为之美人之天然，可谓立意精当。营造手法上，或因高而借远，或凭水而借景，或遐想而借虚，可谓巧于因借。园内有澹宜书屋、水琴山画室、古芸台、竹间楼、夜月廊、数帆台、揽翠轩、平冈、枕溪廊、花影庵、藕香榭、泊月舫、绣野簃、红板桥、一犁春雨、碧海螺亭、小水西、夕阳亭、歇山楼、屋南小筑诸景点；屋南小筑中又有晴午楼、花香石、润之堂、送青轩、小丹梯、若槎读书廊、月明柭笛台、萱苏径、古香小茨、苔花馆、来蝶亭、小旸谷、小憩舫等小景点，堪为津门古代园亭池馆之冠。正如乾隆年间天津诗人康尧衢在《沽上竹枝词》中所写的："琵琶池上起龙台，曲曲水廊近水开。每到紫藤花发处，游人都问芥园来。"（《续天津县志》卷十九）

水西庄主人文化素养极高。其第一代主人查日乾"性耿介，不滥取，以行盐致富，长于持筹，为同辈所仰"。他读书不为章句，于史事尤精。津门学人高凌雯称："查氏园林宾客沽上著闻，风雅绵历数十年，实自日乾启之"（《天津县新志》卷二十一）。其第二代查为仁因事曾系狱数年，因而隐居不仕，

慕园老人（查日乾）携孙采菊图（中部）

息意名场。他博学多闻，能诗能文，著有《莲坡诗话》、《蔗塘未定稿》等，且以博大的胸襟延揽天下名士，使天津文学艺术事业以水西庄为中心进入了极盛期。学界普遍认为：有清一代，开津沽之风雅，查为仁功不可没。查为仁不只自己善吟诗，其家闺秀乃子孙辈，也都诗文精通。每逢查为仁作出新诗，其妻金至元，女调凤、容端、绮女，儿媳严月瑶，侍女宋贞娘等，都能作诗咏和。查为仁的弟弟查为义、为礼，更是著作等身；儿子善长、善和，孙子诚，曾孙讷勤，也都善诗文，

得续家声。查氏家族,满门风流,为人欣羡。

水西庄主人尚气谊,广结交,重然诺,大江南北名流学子凡道出津门者,无不款接,使水西庄宾客如云,人文荟萃。故时人有"庇人孙北海,置驿郑南阳"之颂。一些名重一时的经学家、史学家、诗坛领袖,如陈仪、英廉、陈元龙、钱陈群、杭世骏、吴廷华、万光泰、厉鹗、陈皋、汪沆、刘文煊、朱岷等,或往来于水西庄,或寄居于水西庄。宾主聚首或吟诗会酒,或同案挥毫,或切磋学问,或同撰立说,推进了清代雍、乾时期天津的诗词、绘画创作和研究,给天津文坛带来了勃勃生机。江苏武进诗人兼画家朱岷过津时受到水西庄主人的迎

清道光二十七年田雪峰绘《水西庄修禊图》

接,并由此与津门结下深厚的文缘。他在《初到津门》诗中写道:"潞河交流入海平,丁沽风物久闻名。京南花月无双地,蓟北繁华第一城。柳外楼台晴雨后,水边鱼蟹逐渐轻。分明小幅吴江画,我欲移家过此生。"朱岷还绘有《秋庄夜雨读书图》描绘水西庄的美景,此画和另一位画家田雪峰所绘《水西庄修禊图》的真迹,均珍藏在今天津历史博物馆中。

水西庄不单是座古代名园、诗画之所、古器物图书收藏之处，更堪称天津与江浙文化交流的载体与窗口。清人袁枚《随园诗话》中说："扬州有马氏秋玉（日琯）之小玲珑山馆、天津有查氏心谷（为仁）之水西庄、杭州有赵氏功千（昱）之小山堂、吴氏尺凫（焯）之瓶花斋，名流宴咏，殆无虚日。"天津查氏水西庄与扬州马日琯所建的小玲珑山馆、杭州赵功千所建的小山堂等分别处于京杭大运河沿岸的三个著名河口港城市，都驰名于乾隆时期，查氏、马氏、赵氏等藉此直接或间接地互通文学信息，促进了南北文化的沟通与交流，并在一定程度上丰富了天津地域文化的内涵。

水西庄作为南北文化交流的窗口，最典型的一例则是查为仁与厉鹗的交往以及他们共同笺注南宋人周密选编的南宋词集《绝妙好词》一事。厉鹗是清代著名文学家，此人博学工词，

水西庄复原示意图

为浙西词派的重要作家。水西庄主人查为仁与厉氏神交已久。早在乾隆六年（1741年），为仁、为礼兄弟在水西庄编辑《沽

上题襟集》，向厉鹗索序，厉则欣然而就。两年后，为仁拟将其《蔗塘未定稿》付梓，再次求序于厉，厉在序中盛称查为仁"以诗名寓内久矣"。乾隆十三年，厉特意乘舟来天津水西庄，得到查为仁的热情款待。二人"觞咏数月"，其间，还一起完成了《绝妙好词笺》这一名垂千古的文坛之事。关于《绝妙好词笺》的成书经过，《四库全书总目提要》作了如下记述："初为仁采摭诸书，以为之笺，各详其里居出处，或因词而考证其本事，或因人而附载其佚闻，以及诸家评论之语，与其人之名篇秀句，不见于此集者，咸附录之。会鹗亦方笺此集，尚未脱稿，适游天津，见为仁所笺，遂举以付之，删复补漏，合为一书，今简端并题二人之名，不没其助成之力也。"《绝妙好词笺》刊刻于乾隆十五年（1750年），因其"疏通证明之功，亦有不可泯者"，故被收入《四库全书》。

水西庄历百余年后，查氏家道日衰，至同治年间园林逐渐荒圮。庚子之役，此园迭遭兵燹，庭院被践几尽。清末天津名士严修等人倡议复兴该园，但未竟其功。严公次子严智怡继父志意图恢复该园旧貌，皆以国事纷乱而未果。其后，严智怡又通过中山公园董事会组织"水西庄遗址保管委员会"，也因日本侵略势力的渗透，未能实现复建的愿望。

水西庄这座名冠海内的清代园林被毁后，许多名人游此故地，触景伤情，写下不少诗文。红学家周汝昌先生曾作《台城路·过水西庄吊津词人查莲坡先生故园》一词，勾画了上世纪40年代水西庄的凋零，道出了作者心中的感慨："茫茫何处寻诗酒？西庄市声喧乱。藤架飞香，竹轩揽翠，华屋山丘都换。漫凭指点，叹豆叶瓜苗，是曾开宴。绿到河门，垂杨不见信安远。东南一派曼衍，沧波放眼，但云气三山，年华一箭。断瓦同销，斜阳耕废畎。"（见

水西庄石狮遗存

《梦碧词刊》）水西庄作为清代天津最负盛名的园林胜迹，虽已废圮多年，但人们无法将它忘记。水西庄现象标志着天津文化发展史的一个重要里程碑。

探幽揽险窥其奥

——杞园

明朝末年，南直隶江阴出了个"驰骛数万里，踯躅三十年"的旅行家徐霞客。清朝初年，天津则出了一位"南船北马遨游遍"的旅行家金玉冈。而说起金玉冈，就不能不提到金氏的私家园林——杞园。因为金玉冈的诗文、书画和金石考据之作大都是在这座园林里完成的。

金玉冈（1709—1773），字西昆，自号芥舟，晚号黄竹老人。祖籍浙江会稽（今绍兴），自其祖父金平业盐起家，便定居天津。金平曾在城中西北隅修筑杞园，款接南北名流，是颉颃于张氏问津园、查氏水西庄之间的又一处文人荟萃之地。青年时代的金玉冈即景慕陶宏景、林和靖之为人，不乐仕进。他工诗善画，自成一家。又在杞园筑苍莨亭、黄竹山房，植黄竹一丛，暇时栽花叠石。同名士张竹房、徐文山、金金门、高姜田等结社联吟。且在园内蓄养仙鹤，每煮茶弹琴，鹤侍左右，如若童子。

金玉冈在壮年时，一度告别杞园，"以家事付诸弟，一杖、一笠、一仆负被，恣情名山邃谷间"。他曾两登上方（在北京西南房山区），七游田盘（蓟县盘山），漫游齐鲁吴越者四，"又尝南浮海至普陀，瞻仰大士；西出嘉峪关，眺祁连积雪，历青海、藏卫而回。"接着，他"轻身浮海，由沈京至姑苏（苏州）"，冒险游览大海景色。乾隆二十七年（1762年），族人金金门谪戍辽东，无人偕往，他慨然同行，得以遍览长江鸭绿之胜。乾隆三十三年（1768年），天津进士郑熊佳铨选粤东，他因未游罗浮，便以六十高龄，随同赴任，"由闸河出仪征（在江苏），溯大江而抵羊城（今广州）"，一游就是五年，最后客死电白。一时士林誉之为"天津的徐霞客"。

金玉冈在多次艰难旅行中，以诗文记载各地胜境和风土人情，著有《田盘纪游》、《天台雁荡纪游》、《浮槎集》、《岭南草》、《黄竹山房诗抄》等。《游雁荡记》一文用二千六百多字，对一山一水追根溯源，详细记述当时雁荡之地质风貌，是文道光年间即被收入《津门古人所见录》。金玉冈平生作诗二千余首,其内容亦多得于登危岩、攀峭壁、涉激流、探邃洞中。如《入房山境》中"山或有时隐,云偏作态多"句,《大明湖》中"微风莲叶新,疏雨苇花声"句,皆刻画入微,清新传神,为今人研究清中前期各地理风物提供了可贵的资料。

金玉冈的书法得钟(繇)、王(羲之)遗意,山水画则仿倪瓒(元代著名画家),但他学古不泥古,主张师法造化。由于他一生壮游名山峻川,"故其所画峰峦天成"他每到一地,皆出囊中纸笔,对景描绘。江浙、岭南、东北、西北佳境胜景多跃然于其画上。津人郭师泰称:玉冈游至某洞,见数十猕猴围之。先生为一老猴绘像。老猴若有知觉,驱群猴散去,与先生静对。绘毕,出山果以酬。此事未必见实,然玉冈四处写生,务探奇妙,确是无疑。故"其所画峰峦天成",有清初清幽淡雅之画风,又倾注其真切感受。所绘尺幅片纸,人争索之。时乡人乔耿甫《与金芥舟先生书》云:"耿甫之慕先生盖非一日矣。往者窃见先生为王君学海作《秋槎图》,望洋溟渤,咫尺百里;为故陈翁绩作《荷锄小照》,长松怪石,野趣森发,题咏含蓄古朴,各肖其人。意甚爱之,不能忘也。"委婉陈辞,旨在乞画。事隔二百多年,金玉冈绘画殆不多见。惟天津艺术博物馆收藏《山居图》一轴,从款识看,乃作于岭南电白官舍,似晚年力作。大山下,一老翁,一童仆,墨色淋漓,大气磅礴，果然气度不凡。后代学人梅成栋称他"宇宙不可没之人"，乔耿甫称他"天地间奇人"，不为过矣！

当年，金玉冈小筑园林，延接名俊，常与诗友于杞园唱和，为后人留下多首与杞园相关的诗作。与金玉冈为诗酒之交的徐文山（名云，1699—1749）曾作《题金芥舟黄竹山房》诗云："一座草亭里，烟霞与世忘。帘垂竹影暗，花梦蝶魂香。酒意饶春兴，棋声动夜凉。月明人静后，幽怨起潇湘（意谓竹丛发出磨擦声）。"金玉冈的外甥查昌业有《陪芥舟舅杞园夜坐》诗："天汉（天河）直如绳，风潭动石棱（原注：园有小石潭）。钟声楼上月，人语竹间灯。鼻观花香澹，襟怀露气澄。会心忘主客，相对静如僧。"又有《夜过杞园不值芥舟舅》诗："风静读书帷，空园月自窥。乱虫鸣瘦竹，老鹤睨（斜看）秋池。排闼（推门）清钟入，当阶碧露滋。主人爱幽景，何事独归迟。"这些作品，为我们了解杞园的风貌、格局及杞园主人金玉冈的性情与风范，提供了第一手资料。

香闺妙质自风流

——艳雪楼

如果你有兴致翻阅天津地方志和风物诗的话,你就会发现,在清朝初叶,与水西庄仅一河之隔的地方还有一座备受史家和诗人称道的园林名胜,它就是艳雪楼。

艳雪楼,亦称"佟家楼",在今红桥区芥园对河的邵公庄附近,乃天津古代胜迹之一。遗迹虽已不存,但历来咏艳雪楼的诗作屡屡得见。艳雪楼之所以为人们推崇和关注,盖与其来头有关。乾隆时汪西颢《津门杂事诗》云:"楼头艳雪莹于玉,每课新诗到日西。不及尚书有盻盻,白杨作注背灯啼。"写的就是艳雪楼。且有小注:"妾赵氏,字艳雪,色艺兼擅,筑楼贮之,名艳雪楼。"云云。艳雪楼实为清初著名文人佟鋐为一位叫赵艳雪的女性诗人建造的一处私家园林。

佟鋐为什么要给赵艳雪修建园林？这还得从佟的性情为人和赵的风流才华说起。

佟鋐，字蔗村，号空谷山人，又号己而道人。清长白人。父任河南布政使，兄弟六人皆居官。佟鋐以国子监授通判，不愿谒选，遂迁居天津。建宅于城西卫河之滨，题曰"沧浪考槃"。在这里，他布衣葛屦，忘为贵介，过着清悠俭朴的生活。

佟鋐笃情重义，为人耿介，且不畏权势，不同流俗，常助人于危难之中。广东番禺屈大均为明清之际著名学者、诗人，向以反清复明为念。清军破广州，他遁入空门，行游南北，交结遗民，不久又弃禅归儒，继续抗清，为清王朝所追捕。而出身贵介的佟蔗村却与屈大均过从甚密，不但赋诗酬和，而且在屈大均病危时，慨然将屈之四子明湔收为养子，疼爱备至，视为己子，为谋婚产。大均曾作《佟声远友兄爱予第四子明湔特甚，求养为己子，病中赋诗六章，敬以托之》。佟声远即佟蔗村。诗中有"一日相知成肺腑，两家敦好胜婚姻"和"定知恩爱长加膝，看似亲生一丈夫"，可见二人友谊之深。山东孔尚任用十余年工夫，三易其稿，呕心沥血，完成了旨在反映南明一代兴亡的历史剧《桃花扇》，一时轰动文坛。包世臣于《艺舟双辑》中言："近世传奇，以《桃花扇》为最。"然起初剧本仅以抄本传阅。孔尚任《桃花扇本末》称："《桃花扇》抄本久而漫灭，几不可识。津门佟蔗村者……薄游东鲁，过予舍，索抄本读之，才数行，击节叫绝！倾囊橐五十金，付之梓人。"《桃花扇》这一名著能从抄本变为刻本，从而广泛流传，要归功于佟铉的赞助。

佟铉善于作诗，各体擅长，而尤精五言。《县志》卷十八《人物·流寓》说他"性嗜山水，耽吟咏，早年诗学苏陆，一变而入大历、贞元之室，津之能诗者未有过之"。佟铉之妾赵艳雪，也工诗，是清前期被诗家公认的诗坛女杰。赵艳雪诗亦常有绝佳之作。据载，水西庄主人查为仁妻金至元病故，查作《悼亡姬》诗，和者甚多，其中尤以赵艳雪七绝最佳。该诗结句云："美人自古如名将，不许人间见白头。"用意新异，"与宋笠田明府'白头从无到美人'之句相似"（袁枚《随园诗话》），极受诗界夸奖。佟铉因爱其诗才，特筑艳雪楼，供其居住。天津乾隆时代的两大文化名迹，除水西庄外，就是这艳雪楼了。

艳雪楼在乾隆中叶随着主人的亡故渐给人以荒败之感，但仍不时勾起文人诗家对故园往事的追忆。当年金玉冈便多次到邵公庄，流连于艳雪楼，尝作《过佟蔗村艳雪楼故居》云："共沿流水到篱根，燕雀喧喧最小村。几点红芳遮破屋，满庭青草闭闲门。缥缃散尽残书帙，樵牧唯余旧子孙。艳雪犹名楼已废，海棠一树最销魂。"抒写了彼时艳雪楼的情景和作者感受。

艳雪楼因佟、赵之其人其事始终盛名不减。据说道光年间有位来自京城的落第茂才，叫张问荷。此人到艳雪楼故地，喜其人地双雅，于是便设野茶馆于其左近。茅草为棚，备桌椅茶具，入饮者花费甚少。张为引人入胜，设香灯猜谜为戏，中者敬一字一画，或笔墨文具；不善猜谜者，主人则备象棋，供人手谈。诗人梅小树题其门曰"雨来散"，孝廉杨无怪题联曰"吃半杯无分你我，下一盘各自东西"。此事在津城传为美谈。

听潮观海尽朝宗

——潮音寺

　　潮音寺位于塘沽区海河西岸的西大沽，始建于明永乐三年（1405年），由当地居民集资兴建，初名"南海大寺"。明嘉靖皇帝拨银重修，御笔更名为"潮音寺"。清康熙、乾隆皇帝曾亲临拜谒，故愈加扬名于海内外。潮音寺历经600年，其始建与天津卫同时，也是塘沽区内惟一保存下来的古庙宇遗迹，现已列为区级重点文物保护单位。

　　关于潮音寺的修建，当地还流传着一个动人的传说：明朝初年，西大沽村民刘百钱驾船去南海，途中遭到了海难，狂风掀起巨浪，把船卷到了一座孤岛上。正在几个人生命垂危之际，得到了一位白发老太太的救助。老太太取米下锅，将饭喂

潮音寺山门

到他们口中,使全船六人得以充饥活命。为表示谢意,村民们驾船将老太太接到西大沽。一路风和日丽,船行如飞。刘等将老太太背到西大沽岸上的酸李树旁,岂知老太太落地后,却化作一股清风飘然而去。船民们感悟是南海观音下界保佑,便在原地修了13间坐西朝东的土庙,始名南海大寺,后嘉靖皇帝御笔,才更名为潮音寺。

潮音寺为明清格局,古朴典雅。寺内供奉观音、文殊、普贤、药师及释迦牟尼诸佛像。民国初年,大沽籍船员曾捐资修葺山门、正殿和后殿。1992年2月,塘沽区政府重新修复,共占地5124平方米,由三层大殿、四座配殿、一座柳仙亭和南北跨院组成,保持了明清建筑的原有风格。

潮音寺历史悠久,旧时曾是塘沽地区经济、贸易、文化和

民俗活动的中心。作为本地渔民和外籍船员朝拜进香的场所,当年这里香火极盛。渔民每逢出海、归来都来此烧香、拜谒,

潮音寺内部

以求神灵庇护。据悉,该寺在现已修复的基础上,还将逐步扩建,创建海运博物馆,修复观海台及若干景点,并恢复以明清风味饮食为主的商业街,形成以潮音寺为中心的综合旅游区。

另外,在距潮音寺不远处,还有一座清康熙三十四年(1695年)玄烨视察大沽要塞时敕造的海神庙,现遗迹尚存。此庙由玄烨御题"敕建大沽口海神庙"匾。雍正皇帝和乾隆皇帝视察大沽海口,都曾御驾于此。乾隆三十一年(1766年)春,弘历在此进行行礼大典,典礼后,写了诗、联、匾、记。此后,每逢年节佳日,都要在海神庙举行"圣典",地方官员均来参典。民国以后,这里仍是大小官员经常瞻礼的地方。

1920年，任大沽造船所所长的吴毓麟，利用海神庙开办大沽海军管轮学校，后又改为艺术学校。1922年旧历正月，海神庙的观音阁突然失火，大庙化为灰烬。

一边是潮音寺，另一边是海神庙，海神庙虽已不在，但也是天津的一处重要的园林古迹，并早已被载入史册，今天人们也不会将它忘记。

潮音寺内"五狮捧月"石雕

凭栏远眺心荡然

——杨柳青文昌阁

天津市西青区南运河畔的杨柳青镇，是一座有千年历史的古镇，镇上有"三宝"：戏楼、牌坊、文昌阁。戏楼、牌坊今已不存，惟文昌阁屹立在南运河南岸。

杨柳青文昌阁始建于明万历四年（1576年），是津门锦衣卫高姓集资兴修。天启二年（1622年）白莲教徐鸣儒起义失败经此，明军追赶，以其资敌瞭望，故予烧毁。崇祯七年（1634年）士庶梁宝珍重修，原因是梁得伤寒，为祈求原阁中供奉的魁星，故建阁重祀。咸丰三年（1853年）太平军北伐时再次被烧毁，咸丰八年（1858年）重修。民国时因阁内驻扎军队，建筑遭严重破坏，民国三十年（1941年）予以修葺。

杨柳青文昌阁原状

今天的文昌阁尚存门房、配房和阁楼。阁楼建于高大砖砌基座上,为砖木结构,平面呈正六边形,边长5米。阁作三层,高约20米。首层以砖墙封护,成封闭型空间,北面设券门,以作出入口,门上方镶石额书"文昌阁"三字。二层略小于首层,正面施格扇,其余各面均为砖墙封护,墙上开圆形和八角形透窗,外设回廊,周施木栏。顶层则为半开放空间,六面均施格扇,也有回廊。阁顶作六角攒尖式,角梁下悬六角形风铎。六角垂脊下端置垂兽、小兽及仙人等脊饰,上端置吞脊兽,兽背负宝顶而成阁的顶尖,使造型和功能达成完美的结合。运河南岸,阁楼高耸,给人以历史的遐想。原阁下还有荷塘和木架拱桥,别具雅意。

阁内顶部正中嵌一木板,其上绘有太极图及乾、坎、艮、

杨柳青文昌阁

震、巽、离、坤、兑八卦的爻象。梁架上钉有记载历次修葺的千秋带多条,为研究阁之沿革提供了重要的文献和实物佐证。

　　文昌,原指天上的星宿,是司禄星。几经附会衍化,将司禄星与人间尊奉的一位"梓潼神"张亚子合而为一,成为主宰功名禄位之神。兴建文昌阁,是为了祈求桑梓的人文昌盛。然岁月沧桑,各处文昌阁,多已圮废,目前天津仅津西杨柳青文昌阁和津南葛沽文昌阁庙尚存,尤以杨柳青文昌阁更具历史及艺术价值,现已被列为市级文物保护单位。

旧时，每逢农历二月初三文昌帝生日那天，文人墨客和社会名流都聚集在这里祝寿，点香燃烛，钟鼓喧天，十分热闹。

世外孤云驻近郊

——白　庙

在古都洛阳的洛河岸边矗立着一座天下闻名的佛教古寺——白马寺。在天津北运河畔有一座与洛阳白马寺素有渊源并受过皇封的明代古刹，它的名字也叫白马寺。现在，天津人都叫它白庙。

天津的白马寺之所以与洛阳白马寺结缘，在于该寺开山祖的来路及寺院的建筑布局。洛阳白马寺是佛教传入我国后兴建的第一座寺院。相传东汉明帝时，秦景等二人去西域求取佛经，在月氏巧遇来自天竺的摄摩腾和竺法兰二僧，四人同行，用白马驮经迎回洛阳。次年（公元68年）建寺，以白马命名，人称"中国佛教之源"。到了一千多年后的明万历年间，恰有一位从洛阳远道而来的游方和尚来到天津北靠近北运河的一块高地，要在这里兴建庙宇，一时四里八乡纷纷奉献。至万历二十年（1592年）盖起一座有三重大殿、占地20多亩的大庙，这位云游和尚便成了该庙住持。为了寄托对故乡及洛阳白马寺的思念，他请人按照洛阳白马寺前白马石雕的样子，也雕了一座背驮经卷的石马，置于大雄宝殿前，且取庙名为白马寺（也称白马庙），其所在村起名白庙村。

明朝末年，战乱频仍，先是闯王的大军跟明朝的官兵在这儿打了一仗，紧接着清军入关，白马庙遭到一把大火，偌大一片庙产被烧成残垣断壁。入清，庙里和尚各奔东西，剩下几间破房，成了村里织席晾网的地方。清初海宁籍学者、武英殿大学士查慎行沿运河乘舟而行，驻足于此，赋《白庙》诗一首："一院槎枒树，居僧守鹊巢。俗贫稀赛社，瓦缺只编茅。暗处虫丝接，尘边鼠迹交。渔人来寄网，时有一船捎。"勾画出白马庙当时的衰败景象。

康熙四十六年（1707年），宜兴埠有位叫吴琪仁的老秀才，屡试不第，那年又进京赶考，还是名落孙山，归途又遭路劫，行至白庙村自寻短见，不想被村民救下，于是便在白马庙削发为僧，法号文渊。康熙四十六年暮春时节，康熙皇帝南巡，回京时在丁字沽一处行宫小住，适逢白马庙新塑的一座观音像落成。文渊换上崭新的袈裟,壮着胆子赶奔行宫,恭请康熙皇帝为观音像开光。农历五月十九,康熙真的来到白马庙,但见殿前白马虽经劫难,却安然无恙,不觉心花怒放。那天,春风和煦,碧空如洗,西南方一缕白云冉冉飘来,恰又有玄鸟啼鸣,掠空而过,康熙记起李白《独坐敬亭山》诗:"众鸟高飞尽,孤云独去闲"之句,当场挥笔,写下"孤云寺"三个大字,还破例钤盖了双龙御印。

自康熙赐"孤云寺"御匾后,白马庙身价倍增。不过数年,寺院大兴土木,再塑金身,不仅恢复了先前的气势,还在前庭的大槐树下建了一座八角重檐的御匾亭,来庙进香及瞻仰御匾者络绎不绝。至此,白马庙又有孤云寺之名。有关该庙历史及其在天津的地位,天津方志和风物书中多有记载。《天津县志》里说:"孤云寺原名白庙,在城北潞河(即北运河)东岸……有圣祖御书赐额。"《津门杂谈》也说:"孤云寺,据《大清一统志》载,孤云寺在府城外,旧名白庙,清康熙四十八年(疑为四十六年)赐今额。"

白马庙自清末以来日渐颓损。尤其是1900年八国联军打入天津,白庙村在劫难逃,白马庙亦伤元气。后来只有白庙村富商乔桂林出资修复过一次。1934年,东北军五十一军军长于学忠亲至白庙村视察防务,认为该地应设立学校,遂选中白庙为校址。不久，于学忠离津而商震来津，旧事重提，于是决定在该庙设立第四十一小学，也称白庙小学。抗战胜利后，改为第三区第三十保国民学校。

后建的白庙殿宇

白马庙历尽沧桑，早已一改旧观。但侥幸的是，当年康熙皇帝御赐"孤云寺"匾和寺庙内的一口古钟却被完整地保存下来。孤云寺匾为汉白玉所制，匾长1.46米，宽0.70米，厚0.15米，上镌"孤云寺"三个阳文大字，左上角镌有"赐"字，落款为"康熙四十六年五月十九日御书"，书法遒劲，雕工精细，四周云纹雕饰，端面有榫槽。那口古钟镌刻着"国泰民安，万事如意"八个大字。关于此钟来历，据说是清道光年间发大水，有几根木棍架筏驮着一口大钟，从北运河上游漂浮而下，漂至白庙湾兜儿处，村民们将其打捞上来，挂在白马庙大槐树杈上，也成了该庙一景。为保护文物古迹，弘扬历史文化，白庙村特建御匾亭和古钟亭，将御匾和古钟置于亭内，并立白马寺庙碑，建殿宇及文物展示厅，供游人参观游览。

曲沼荒凉慨胜游

——康　园

天津旧城东南隅，原有一处叫做"康园"的园林古迹，那是清中叶著名诗人康尧衢家的私人园林。康园也叫南溪、曲水园，后归牛氏，称为牛氏园，后来天津人都叫它康家花园。《天津县志》卷七载："南溪，在城东南隅，牛氏园也，曲通濠水，杨柳掩映，宛有江南村落风景。旧为康氏园。"《津门征迹诗》有《南溪》一首，曰："衰柳扶疏绿未齐，手携鸠杖步南溪。江南风景今犹昔，庭院萋萋暮鸟啼。"

康尧衢（1742—1803），字道平，号达夫，晚年自号海上樵人，天津人。贡生。屡考举人不中，遂弃举业，专事作诗，居住于同乡李承鸿的寓游园内，为文酒之会。他好交游饮宴，寻幽赏奇，探胜访古，以致典衣沽酒，过着颇为惬意轻狂的日子。曾与人赌百韵诗，伸纸立就，众人皆惊叹不已。清高宗乾隆（1736—1795）末年，天津作诗之风趋向衰落，康尧衢起而振之，一时风从，联袂接踵，遂使复兴。津门学者梅成栋在《津门诗钞》中评价说："公少吟诗，博稽今古，于津门诗学绝续之交，力为讲求，厥功甚巨。"康尧衢为人耿直，好面折人过，乡里纨袴之子多望而引避。遇戚友困乏，不惜倾囊资助，而自己所居不过破屋数椽而已。嘉庆八年（1803年）无疾而卒，年62岁。平生著有《海上樵人稿》十二卷、《蕉石山房诗草》一卷、《津门风物诗》四卷、《云构诗谈》四卷，辑有《发硎集》三卷，节录《女诫》一卷。

康园的始建应从康尧衢的先世说起。康尧衢的曾祖康月波是河南道台，祖父鸿仁是山东知府，叔祖鸿文是知州，皆有政声。父亲、叔父也都好读书，生活宽裕，于是在城南兴建园林。因城东南靠近河道，便引水为塘，按苏州园林款式修建，颇有"舍南舍北皆春水，微雨微风入画楼"的情趣。彼时，津沽文人墨客多来此观光吟咏。康熙年间的诗人张霔（1659—1704）尝作《康园荷花初放》云："池上风光改，周围已筑墙。禁人开酒肆，许客借河房。水失因蘋没，花疏逊叶香。晚来云气散，一派月苍苍。"与张霔同时代的诗家沈起麟有《康园水亭即事》诗云："此中饶鼓吹，耳畔杂鸣蛙。辟径通流水，编篱护野花。嫩荷经雨涨，疏柳趁风斜。倘遂栖迟志，衡门自可家。"栖迟志，即隐居之志。衡门：横木为门。《诗经·陈风·衡门》有"衡门之下，可以栖迟"句。这两首诗均以作者亲见亲闻勾画了当年康园荷塘清趣的幽雅与恬静，也抒写出作者因眼前景物而触发的归隐之心。

大约在康雍之交的年代，康氏败落了，康园亦不再归康家所有。据康尧衢自己讲，某年园中荷塘忽开并蒂莲，人以为端，阖城人士咸来庆贺赏莲。谁知这一吉祥事物竟是厄运之始。先是康尧衢的曾祖谢世，接着祖父、叔祖也去世了，同时盐务凋敝，连遭荒旱，康家破落了。后将园林售归牛氏，但仍为天津一景。故后来诗家又有咏牛氏园之作。

康尧衢身为康家后人，对康园更是充满了怀恋之情。他曾作诗多首，忆念当年景物，倾吐内心感伤。其《曲水园诗》云："别业家声旧，津门众口传。春光沿岸柳，异兆满池莲。到此抛双泪，于今过百年。望中空伫立，怀旧夕阳前。"这不仅是由于康园的归属和美景引发了作者的诗兴，也是因为康尧衢作为天津古代最富地方特色的诗人，对天津特有的自然风光和风土人情抱有挚恋与热爱。对康尧衢来说，不只是康园，举凡有关天津的历史背景、社会生活、风俗习惯、山川地理、风土形胜、建筑古迹、海防要塞、土特产品、鱼盐之利以及行商坐贾、海运转漕、僧道寺庙、文人别业等，都在他的诗篇之中。如果我们把康尧衢叫做天津乡土诗人，把他的作品叫做乡土文学，那是再合适不过的。从这一点上看，康尧衢对康园的记述，也是对三百年前天津社会生活全景的部分再现。

一时诗酒遍文人

——寓游园

建于清乾嘉时期的寓游园,是继问津园、水西庄之后,又一处极一时之盛的文人雅集之所。近人高凌雯称该园"犹有张(问津园张氏)、查(水西庄查氏)风雅之遗",今天也有人则称它为"小水西"。

寓游园的创建者李承鸿也是以业盐致富且颇有文化素养的一代名流。李鸿承,字云亭,号秋帆,浙江山阴(今属绍兴)人。业盐来津,遂迁家于此。他善于作诗,也很好客。《津门诗钞》收入他的几首诗,从诗的格调上看,李承鸿确具文人雅士的风范。

李承鸿所建寓游园在天津城东,园中共十景,有半舫轩、听月楼、枣香书屋诸胜。当时津沽文士多有诗作吟咏寓游园的景致。李承鸿也有《咏园十景》等多首描写该园的诗歌。其《构寓游园成，同人以十景诗见贻，赋此为答》曰："删草开三径，成园未许宽。故山遥寄兴，异地老追欢。花柳天然合，回环地势难。何期来妙咏，为我壮奇观。"从此诗中可知园之规模与情趣。

李承鸿以寓游园延揽名士，广交学人。著名诗人康尧衢长年寓居于此，创兴诗社，与郝石矍、金野田、吴念湖、冯昆山等诗家名流、文人墨客联吟唱和，提倡风雅，盛极一时。诚如同治年间天津学者华鼎元《津门征迹诗·寓游园》所云："性耽风雅迈群伦，牛耳骚坛孰主宾？郝李康周名并著，一时诗酒遍文人。"《天津县新志》卷二十一对寓游园也有所评价："沽上自遂闲堂张氏盛起园林，款接名士，极一时人文之盛，其后水西庄继之，迨查氏衰落，承鸿接畛前轨，虽具体稍微，而流风赖以不坠。"

寓游园的文酒之会不仅活跃了天津文坛，也使李氏家人在园中的文化氛围中得到了陶冶。李承鸿的侄子李泉和李源都曾生活在寓游园中。李泉考取了进士，官至屯留县令。李源曾任职广西、湖北，俱有政声，生平尤喜讲《易》，著有《周易函书补义》。李云媚是李承鸿的孙子，道光乙酉举人，天津著名诗人,诗主性灵,著有《及书屋集》、《黔游集》等。笔者藏有清代刊印的《秋吟集》一部,汇录乡人及寓公所作吟咏秋天、秋风、秋雨等内容的诗作上百首,其编辑者便是这位李云楣。津人梅成栋对他颇为称道,说他"少受学于同邑康达夫(康尧衢)先生,得其诗传;时乃祖云亭老人起筑寓游园于城东,集沽上词人,联吟结社",李云楣"亲炙其风,夙具磊落不羁之概,喜纵谈先辈风流,人反呼以'李痴'。"可见李氏一家虽不及张氏、查氏那样人才辈出,但其侄孙中确不乏博学有为之士。而他们的成就皆李承鸿及其寓游园"培养之泽所致"(《津门诗钞》卷二十八)。

鹅湖鹿洞沽水边

——三取书院

　　书院是封建社会学者会集士子的讲学之地，是独立于官学系统之外特有的教育组织。它始于唐代，盛行于宋朝，清末改为学堂。有名的书院为一方的教育中心、藏书中心，为著名学者研讨学问的胜地。

　　天津古代最早的书院是始建于清康熙年间的三取书院。它位于三岔河口以南、海河东岸，原大口胡同一带。书院的主持人一度为清朝前期天津最有成就的经学家、诗人和散文家王又朴。

　　三取书院是在康熙五十八年（1719年）由天津邑人利用三岔河口南赵公祠旧址建立起来的。据《长芦盐法志》记载，当时天津商民修筑黄口堤岸，堤尾就在这个地方。修建书院时，借赵公祠旧室，又购地增造学舍门垣。数十年后，因缺乏维修，房舍破旧，书院一度衰败。乾隆年间，在王又朴倡导下，由商民捐资修筑学舍12间，三取书院开始复兴。该书院作为士子课文的场所，规定每月的初二、十六两日为课期，所需经费由长芦盐商捐资支付。

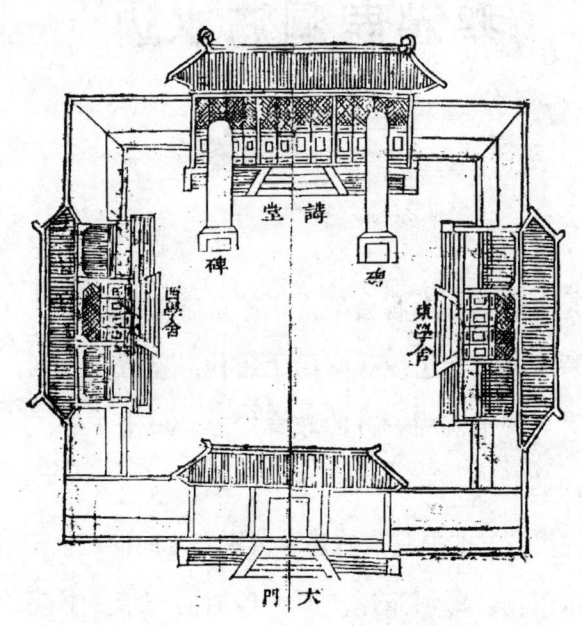

三取书院图（见于《长芦盐法志》）

乾隆二十三年（1758年），在官场上饱经沧桑的王又朴老人回归乡里，担当了三取书院的山长，延师训课。王又朴是一位很有作为的学者。他自幼虚心好学，雍正元年（1723年）

中进士，入翰林院为庶吉士。第二年授吏部文选司主事，因"途遇国戚不拜"，被调离京城，到河东为官，又因被人诬告而遭贬。后来，朝廷察其无罪，再次起用。在以后漫长的宦海生涯中，又几起几落，仕途坎坷。他在任期间，替老百姓做了不少好事。在江南，为兴修水利，他不畏艰险，"亲乘小舟，以枝试水"；在陕西，他曾督修西安城，筑咸阳后堤。王又朴学识渊深。他撰写的《易翼述信》被采入《四库全书》，并著有《大学原本说略·读法》、《中庸总说·读法》及《河东盐法志》、《介山自订年谱》等。其古文、杂咏和考据训诂之作多被收入《诗礼堂全集》。臧励和等人编著的《中国人名大辞典》和谭正璧编著的《中国文学家大辞典》及其他辞书中，均有对王又朴的介绍。

　　三取书院有了王又朴这样一位主持者，更增加了它的知名度，不仅本县的生员、童生前来参加书院考课，外县人也慕名前来求教。三取书院同清代多数书院一样，以考课为主，是科举的预备场所；同时兼以博学经史词章。山长王又朴以其博学多闻，又擅长古文的优势，热心传授学问，受到天津文人的崇敬。近代有的学者认为，天津清代文风之盛，三取书院和王又朴本人的影响，也是其中一个因素。

　　现在，三取书院的建筑已经找不到了。1989年，在大口胡同附近挖掘出赵公祠石碑的碑座和碑头，进一步印证文献记载是可靠的。三取书院开天津兴办书院之先，它在天津文化史中的地位和为天津教育事业的兴起与发展所起到的促进作用，是不可低估的。

学海堂前传薪火

——问津书院

新鼓楼建成了,但天津人不能忘记,在鼓楼南的西侧曾有一座大书院,它就是在天津古代教育史上有过辉煌一页的问津书院。问津书院在清代津门书院中最负盛名,其规模和影响在三取、辅仁、会文、稽古、集贤等几大书院中名列榜首,它的兴建沿革颇能体现天津古代的书香文脉。

关于问津书院的始建时间,文献中有两种说法。一种如《天津政俗沿革记》所载:"乾隆十二年(1747年)长芦商人查为义呈输城内鼓楼南废宅地址,运使卢见曾捐资建作书院,造屋五十九间。"另一种如《重修天津府志》所载:"乾隆十六年(1751年)长芦盐商查为义施地,盐运使卢见曾建屋五十九间。"《重修天津府志》的依据是卢见曾撰写的《问津书院碑记》。因卢是修建书院的当事者，他所提供的情况不可能不准，故而笔者以为，问津书院的始建时间以乾隆十六年较为可靠。卢见曾为官盐运使，又是位学者。此人爱才好客，交往名士甚多。他认为天津乃"百川朝宗之地"，而书院则"阙焉未兴"（此前曾有三取书院在三岔河东岸），很想在天津建一书院，只是苦于无地。这件事被水西庄查氏三兄弟中的老二查为义得知。为义"虽席丰履厚，有山人林下之致"，堪为风期清远、急公好义之士，遂告于卢："家有废宅在运署之西南隅，其地高阜而面阳，形家以为利建学"。无偿将旧居捐出。报呈总督方观承、署盐院高恒后，经过一年的修建，书院正式落成。计造屋59间，其中部为讲堂，前为门，后为山长书室，环之以学舍，共花费白银2400多两。书院隶属于长芦都转盐运使司，山长束修、应聘者酬报、杂役食用及其他花销，均由运司"闲款生息"项内支给。尚书钱陈群额其讲堂曰"学海"。

　　问津书院以"延师选士"、"肄业讲学"为己任，建立伊始就以"泛海问津"勉励学子，且重制义，把制义看作进入孔子圣域之津筏。卢见曾在《问津书院碑记》中提到书院何以用"问津"二字命名时称道："孔子之道犹海也，学者蕲至乎道而止。今制义，其津筏也，学者因文见道譬如浮海者正趋鼓楫，候劲风,揭长尺维长绡挂帆席,然后望涛远决……不能得者皆不能得其津者也。"书院活动内容系以考课为主。卢见曾不但创立该书院,而且"日集诸生课之"。据《津门纪略》卷四记载:问津书院"每月课生堂二次,课期按初二、十六两日。官斋分课,各延山长评定甲乙。膏奖由运库支发。"书院于乾隆五十七年(1792年)由盐运使嵇承志重修,嘉庆六年(1801年)由众商人出资重修,光绪二年(1876年)由盐运使如山增学海堂经古课。经古课一次发十题,以五艺为限,十日为期。这应是该书院有别于当时天津其他书院的一大特色。

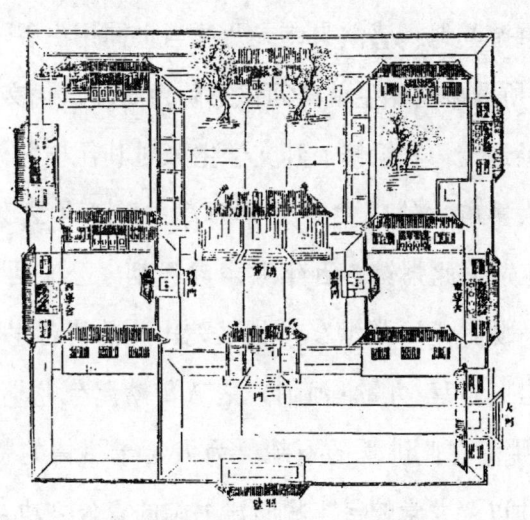

问津书院图(《长芦盐法志》)

该书院之所以为学界所重,在很大程度上也取决于历任山长的学识及影响。据《重修天津府志》载：天津道董承勋乾隆十六年莅任，曾"聘名进士吴联珠主讲问津书院，……文风蒸蒸日上，登贤书，捷南宫者接踵焉；天津知府金文淳乾隆二十八年到任，"崇尚文士，惠政甚多。罢官后主讲问津书院，课生童如子弟。凡所识拔者，无不腾达云"。此外，安徽桐城人姚范（1702—1771），浙江会稽人、《越缦堂日记》作者李慈铭（1830—1895）等一些著名学者亦先后担任山长。今人钱仲联、钱学增选注的《清诗精华录》（齐鲁书社1987年出版）收入范当世诗一首，题为《天津问津书院薑坞先生主讲于此者八年，外舅重游其地，感欲为诗，乃约当世同用山谷〈武昌松风阁〉韵》。所谓薑坞先生就是问津书院山长、清代文学家姚范。姚范是乾隆进士、官编修，其文学主张对其侄桐城派主要作家姚鼐有较大影响。他曾主讲天津问津书院八年之久。是诗有云："薑坞先生此粥饘，百年乔木参风烟。公来再饮唐山泉，龙堂蛟室来眼前。""粥饘"乃指书院山长的清苦生活。"龙堂蛟室"出自《楚辞·九歌·河伯》之"鱼鳞屋兮龙堂"。全诗共21句，对姚范在此讲学的业绩、为人给予热情的赞颂和较高的评价，并以"龙堂蛟室"喻问津书院的育人之功。

问津书院并非仅仅是为科举进身提供的场所，更是学者生徒探讨学问、增进知识的圣地。建院之初，这里就有"宵雅肄三"，颇具学术研究之风。光绪八年（1882年），候补知县劳乃宣曾请准直隶总督李鸿章于书院内开设官书局，书局内悬挂书目，照原价出售，士子们争相购取，使书院内学风更加浓厚。庚子之役，书院因兵祸被毁，惟讲堂三间未损。厨丁王恩荣将山长李嘉瑞补书的"学海堂"匾摘下藏匿起来，方免遭劫难。次年，清廷采纳张之洞、刘坤一主张，下令将书院尽改学堂，问津学院遂改为民立小学堂。后历经沧桑，其原址已成为后来的津源中学。

当年的问津书院，现今的津源中学

问津书院早已废弃，但在很长的一段历史时期内，确为天津培育了一代代学子。同治间，邑人华鼎元《津门征迹诗》有云："儒家衣钵孰传薪？学海堂前教海频。不薄程朱尊马郑，先生只合作调人。"正是写的问津书院。《天津县新志》的作者高凌雯称："人才多出其中"，也是指问津书院；而他自己也曾在此受业。问津书院作为封建时代的较为知名的教育组织和学术研究机构，它对清代天津教育事业的发展、知识的传播，及对津沽地方文化的影响，都曾发挥过不可低估的作用。

焰吐星精气象昌

——文昌宫

文昌宫位于天津市红桥区南部，原文昌宫大街东端北侧，占地约6000平方米，也是天津的一处古迹。清末文人华鼎元《文昌宫》诗云："辅仁会友傍门墙，焰吐星精气象昌。寄语诸生敦实行，性情中有大文章。"记述了文昌宫由庙宇而成书院的漫长历程。

天津设卫后，明永乐四年（1406年），在城外西北角相继建造庙宇，文昌祠为其中之一。文昌又名文曲星或文星，中国神话中主宰功名禄位之神，旧时为读书人所崇祀，故在此建祠供奉。

文昌祠东为天安寺，西为海潮庵。天安寺原名板桥寺，是天津的一座古刹。海潮庵也很出名。清人顾琮《寓居海潮庵》诗云："万事意何惬，三更自潮生。"雍正初年，天津文人周焯得到一方桥亭卜卦砚，便是在海潮庵的泥淖中捡得的，此事在津城传为佳话。海潮庵还有康熙年间天津总兵蓝理题写的匾额，曰"南海行宫"。

道光元年（1821年），原山东武定营守备、举人、邑绅侯肇安和进士王天锡、举人梅成栋等人发起重修文昌祠，并将毗邻的上述之天安寺、海潮庵与之合并，改称文昌宫。道光七年（1827年）在宫西侧创建辅仁书院，作为士子科举的预备场所。课期分朔望两课。朔日斋课由地方公捐办理；望日官课，分道、府、县三衙门轮流阅文，随意捐廉，以为奖赏饭食之用。一年后，天津道员兼长芦盐运使金洙借拨长芦运库款发质库生息，每年息钱半数作为书院经费。书院并得到天津知府张彬、天津知县沈莲生的资助，他们各自捐献地亩租金，用来支付山长的束修和童生的膏火。光绪二十年（1894年）天津府规定在此举行乡试，书院遂成为衡量人才、荟萃学子的著名文化中心。

辅仁书院规模宏大，积淀深厚。据《志余随笔》称："辅仁书院，东为大门。讲堂其后，为生员斋舍。再东为客厅，为董事室，皆天安地。西为童生斋舍，其后有殿五楹，榜曰'南海行宫'，犹是海潮庵遗构，逮改学堂，非复旧观矣。"道咸以来，侯肇安、梅成栋、沈兆沄、杨光仪等都曾在书院主讲，十余年不受一钱，对弟子循循善诱，终日教诲不倦，经其捐授而声名蜚达者颇多。天津著名学者高凌雯、王守恂、赵元礼都曾在这里受教于杨光仪先生。

光绪三十二年（1906年）受"西学"影响，辅仁书院改为"天河师范学堂"，成为天津最早培养师资的洋学堂。此后相继更名为直隶省第一师范学堂、河北省师附小、文昌宫小学等。生于天津长于天津的近代文化先驱者弘一大师李叔同还曾为该校撰写过一首校歌，歌词是："文昌在上，文明之光。地灵人杰，效师长；初学根本，实切强；精神腾跃，成文章。君不见，七十二沽水源远流长。"这首题为《直隶省立第一师范附属小学校歌》的作品早已被收入《弘一法师全集》、《弘一大师韵语》中。据说民国年间文昌宫小学音乐教师胡定九在向学生教唱校歌时，不断向学生们介绍这首歌是李叔同先生作的，文昌宫小学的前身就是直隶省立第一师范附属小学，也就是当年的文昌宫。

文昌宫多年来几经演变。1925年在宫东侧创办天津广智馆，馆内设有展览室、文艺活动宫。文昌宫小学后来改为八区第二十三小学、西北角小学、西北角回民小学。1956年广智馆又改建成红桥区图书馆；1979年学校扩充校舍，拆除原大殿，现建教学楼。1983年又因拓宽大丰路和地铁工程，红桥区图书馆被拆迁，至此文昌宫原貌无存，仅留碑石一块，立于学校东侧。

庋藏富比天籁阁

——沽水草堂

明嘉靖年间，嘉兴出了一位著名书画收藏鉴赏家项子京，其天籁阁收藏法书名画极一时之盛。清康乾时代，天津也出了一位闻名于世的大鉴藏家安麓村，他收藏书画名迹和碑帖善本的地方叫"沽水草堂"。搞艺术和收藏的人大都知道，当初清宫有不少藏品来自项氏的天籁阁，也来自安氏的沽水草堂。

安麓村名岐，字仪周，别号松泉老人，生于康熙二十二年（1683年），本朝鲜族人，后入旗籍，祖籍奉天。曾在扬州业盐，家业巨富。康熙四十七年（1708年）定居天津，在城东南六里建沽水草堂。他的忘年之友查礼在《画梅题记》中说，安麓村的沽水草堂"贮牙签万轴，余尽商周秦汉青绿宝器、唐宋元明画家之翰墨也"，麓村"寝食其间，俗夫不得窥户牖"，时人将其沽水草堂比作元代大画家的清闷阁和明代大藏家的天籁阁。《天津县新志》卷二十五对沽水草堂描述说："中饶水竹，台榭之胜，别构邃室，藏金石书画甚富，人比之天籁阁。"张伯驹先生捐献给国家的西晋陆机《平复帖》、隋代展子虔《游春图》、唐代韩干《夜照白图》、五代董源《潇湘图》及天津艺术博物馆的"镇馆之宝"北宋范宽《雪景寒林图》等，当年都曾是沽水草堂的收藏品。

沽水草堂是如何得到这么多珍宝的呢？史料记载，安麓村这个人虽席丰履厚，然志居澹泊，"学问宏通，极精鉴赏"，为盐务事，常往来于淮南、津沽两地，遇书画商求售者，概以重金易之，藏之于沽水草堂。仅孙过庭《书谱》一件就花费三千金。沽水草堂藏品宏富，人称"海内之冠"。梅成栋称他"倾家收藏项氏（项子京）、梁氏（清初收藏家梁蕉林）、卞氏（清代收藏家卞永誉）印珍"。所以，说沽水草堂"宋元墨妙贮千帧"是毫不夸张的。

梅成栋还说安麓村有"鉴赏古迹不爽毫发"的本领（据《津门诗钞》）。那么他是如何练就此等本领的呢？安麓村自称："余本性迂疏，志居澹泊，自髫年以来，凡人生所爱好者，如声色之玩、琴弈之技，皆无所取，惟嗜古今书画名迹以自娱。

每至把玩，如逢至契，终日不倦，几忘餐饮，……迨后目力日进。"(《墨缘汇观·自叙》)可见安麓村是以发愤忘食的毅力才获得了鉴别真伪的本领，以亲见多闻练就了他的一双慧眼。凡经过他鉴定的书画大都准确可靠，他的一生为文物的去伪存真做出了巨大贡献。

麓村既嗜古今书画名迹，亦喜搜罗古代典籍。其沽水草堂多藏善本，并出资刻印书籍名帖。他于康熙四十五年（1706年）得唐孙过庭《书谱》墨迹后，为嘉惠后学，决定自己出资刊刻。其问世后，引起我国书法界的强烈反响。当代书法大家启功先生谈到《书谱》时评价说："清安岐得墨迹本精摹上板，当墨迹影印未流传时，此拓最称善本。"(《孙过庭〈书谱〉考》)

及至晚年，安麓村购藏名迹仍不遗余力。乾隆九年（1744年）重阳节前五日，62岁的安麓村久病在床，忽听有人携带魏晋时期钟繇的《荐季直表卷》求售，竟离床而起，喜不自持，再三品鉴，认为"无疑为真迹"。遂不惜重金收购，并慨然写道："何幸衰朽余年，复能得以墨妙，事属奇甚，岂非与翰墨有因缘耶？"

经过四十余年的日积月累，安麓村精心著成一部书画著录，名曰《墨缘汇观》。该书无论是从所著录的丰富、鉴赏的精湛，还是编排的得体上，均达到清代最高水平。书分上下两卷,上卷著录法书,下卷著录名画,并记叙纸绢、作品内容,间作考订,海内精鉴者,莫不赞之。曾任直隶总督的大收藏家端方在该书序中言:"精识如孙北海、高江村,或谢弗敏焉"。这部书为后人证考真伪和品鉴购藏提供了宝贵而具体的资料。在《中国美术辞典》、《书画篆刻实用辞典》、《中国藏书家辞典》等工具书中,均载有这部书画著录和作者安麓村的大名。

其后,安麓村辞世后之二百余年中,因兵燹罹祸,世事沧桑,沽水草堂所藏之精品四处流散。有入皇宫大内而又被盗出者,有贩运至海外而未归者,亦有幸免于难而被珍藏在国内各大博物馆者。但不管怎么说,那与项氏天籁阁不分轩轾的沽水草堂,却作为天津的一处园林名胜始终被天津人所称道。清华鼎元《津门征迹诗》云:"三径就荒元亮宅,十年曾眺仲宣楼。而今风月都依旧,谁与诗人续盛游?"说的正是那座沽水草堂。

结构名园近市阛

——萧闲园

萧闲园，又称杨家花园，位于天津旧城东门里，是清代乾隆壬午年（1762年）武举人杨秉钺的私家园林。

据老人们讲，杨氏祖籍山西永济，杨秉钺的先人杨某因家境贫困来天津投亲，在盐商牛氏开设的钱铺里学徒。杨某为人勤快、谨慎，颇得掌柜的信任。这天，杨去海边某户讨欠银500两，对方答应五日内归还。届时，所欠银两果然如数收回。杨某就要回去了，却见还欠者面带戚容，又听到屋里有哭泣之声。经再三追问，才知道这笔钱是对方卖了自己的亲生女儿才勉强凑上的，不久买家就要将女儿领去。杨某闻听此情，立即将银钱放下，要回借据，当场撕毁。回到津城，称自己将欠银遗失于道上了。后来，掌柜的牛某知其真情，对杨某大加赞赏，并出资令其经商，未几即成巨富，其后人多以诗书继世。

根据记载，杨秉钺建起的萧闲园有倚云廊、澄怀堂、入室峰、种芎渠、观鱼池、暖翠岩、幽兰谷、蹰丹坪、抱膝石、寄旷亭、紫筠径、宿云洞诸胜。因建在城里，颇有闹中取静的意趣。清同治间华鼎元有《萧闲园》诗，乃华《津门征迹诗》的最末一首。诗曰："老翁意趣本消闲，结构名园近市阛。偶向曲廊寻石刻，重刊阁帖读回环。"从诗中看，萧闲园内不仅有亭、堂、池、石，还有嵌于回廊之上的石刻，可见主人杨秉钺乃品位高雅之人，且有金石法书之好，故曾刊刻法帖于园内。

萧闲园于清朝末年渐至荒废。光绪五年（1879年），天津设立电报通讯，那管理电报通讯的官电总局最初便建在这座萧闲园内。

官电总局也叫天津南北洋电报局，它的建立确立了天津作为近代中国最早开设电报通讯城市的地位。自此，用了不到十年的时间，初步形成了遍布全国的电报网。从萧闲园的沿革与变迁中，我们看到了天津私家园林与时代共进的脚步。

瓴甋粲然院阔绰

——金家窑清真寺

金家窑清真寺位于旧三岔河口北面今金家窑大街海潮寺胡同，至今已有四百多年的历史。该寺较现存于天津市红桥区西北角的清真大寺早建了129年，是天津市区最早建造的一座清真古寺。现为河北区文物保护单位。这座清真寺建筑以中国宫室式为主，又巧妙融合了伊斯兰式的建筑风格，既典雅庄重，古色古香，又清新别致，多姿多彩。

据《金家窑清真寺碑记》记载：该寺始建于明朝万历二年(1574年)，是由漕运皇粮的安徽籍穆斯林集资兴建的。当时只"购屋数椽、权作朝拜之天房"，取名清真寺，以伊斯兰教"安拉真主"得名，含"真主独尊即清真"之意。后来一些回

旧时的金家窑清真寺

族同胞在这里定居下来，又经王宇周劝募左冠廷、穆毓山捐资，在原址增修了大殿和讲堂、沐浴室，以及望月楼、抱厦等。嗣后，历经明清两代，风雨剥蚀，大殿圮败，光绪年间，又有冯姓等阿訇劝募集资重修。民国六年（1917年）再度集资，重新整理了大殿，重修了南北讲堂、沐浴室和各配房共20余间，大门便门各一道，整个建筑愈显光彩熠熠。

由于"文革"中的人为破坏和地震的影响，历史悠久的金家窑清真寺遭到了损坏。近年来，党和政府拨专款重新加以修复，使得这一古老的建筑重放异彩。

现今金家窑清真寺占地约1000平方米，建筑面积500平方米。寺院坐西朝东，由正门、水房子、讲堂和礼拜殿组成。主体建筑礼拜殿由三个单体建筑勾连搭接构成，平面呈"凸"形。前为卷棚顶抱厦，面阔三间，进深一间，中为硬山顶，后为九脊歇山顶面阔五间，进深一间，在正脊中部建六角攒尖式亭阁，称望月楼，用以代替庭院中另建的邦克楼，这在外地清真寺建筑中是少见的。

修葺后的金家窑清真寺正门

古老的金家窑清真寺是伴随着三岔河口一带漕运发展的脚步和天津地区的繁盛而兴建的。它是几百年来天津回汉居民友好相处的历史见证。

恢宏壮丽放异彩

——清真大寺

天津旧城西北角大丰路东侧,有一处簇立着五个攒尖楼阁的古建筑群。在鳞次栉比的民居中,梁柱吐彩,宝珠生光,愈显恢宏壮丽,绚丽无比,这便是天津最大的清真寺。因规模大于市内其它清真寺,故又称清真大寺。

此寺始建于清顺治元年(1644年)。当时只有十几间房大小的礼拜殿,南、北讲堂和沐浴室各3间;康熙十八年(1679年)扩建为30多间的新礼拜殿,同时重建了南、北讲堂并加宽了庭院。嘉庆六年(1801年)再次扩建。据《本源共溯》匾额上跋文记载:"封翁石义广,以寺狭且朽,宜修,首先解囊;众乡老有余者捐资,不足者出力,兼有人力、钱力并出

清真大寺门楼

者，莫不鼓舞从事。七年冬工程始竣。"咸丰二年（1852年）于礼拜殿前厦两侧增建石制群廊护台，并重建300平方米大型沐浴室。同治四年（1865年）又在后殿3个亭式楼阁中间添建了两座亭式楼阁；同时修建了南、北门楼，光绪三十一年（1905年），在该寺对面修建了津门首屈一指的大照壁。宣统元年（1909年），又在礼拜殿前两侧院内树起了两面石碑，从而奠定了清真大寺今日之貌。

　　清真大寺占地5000平方米，建筑面积2200平方米。是保存完好的中国宫殿式伊斯兰宗教建筑群。有照壁、门厅、礼拜殿、阿訇讲堂、耳房和沐浴室等。主体建筑礼拜殿坐西朝东。

清真大寺角楼

四组殿堂毗连，前为卷棚式顶抱厦，后为两组庑殿顶大殿，最后一组殿顶上则并排耸立5座六角或八角的亭式楼阁，并在殿堂两侧构筑回廊。建筑外形檐牙起伏，富于变化。南北两侧亭阁檐下悬匾，各题"望月"、"喧时"二字，为穆斯林用以观看月亮出没、宣告斋戒时日之所。寺内屋顶和门窗装饰，每件砖雕木刻都采用花卉或几何图案，既严格遵循不使用偶像和动物纹饰的伊斯兰教义，又保持中国古代木结构建筑风格。

礼拜殿抱厦和南北讲堂以及对厅前厦柱窗皆用朱红油漆彩绘，上边分别悬挂"清真无二"、"巍巍荡荡"朱红柱上挂"本源共遡"等30多块清代汉字匾额，"探执掌造化之源，妙无极而成太极，虽天地不过一物；论策励躬行之事，抚今世以待后世，合人神共此三缘"等8副楹联，泼墨典雅、古色古香。题匾额者均为知名人士，如清皇族惇亲王、礼亲王、肃亲王之手书；回族提督马进良、阎殿魁、左宝贵；举人石超、张景岚、石元龙和武状元丁殿亭等，其中尤以书法家武云章的最为珍贵。此外，还有阿拉伯文匾17方，楹联1副。是国内保存匾额最多的清真寺。有人说天津的清真大寺是清代书法的展览厅，看来不是过誉之词。

北跨院建有360平方米的男女浴室，对厅占地120平方米，现辟为妇女礼拜殿。北门二门门楼上镶307×23.5厘米的青砖浮雕，上面刻有"鼓楼"、"白骨塔"、"文庙牌楼"、"旧城门楼"、"城墙"等天津八景，刻工精美，是砖雕上品。据传，出自民国年间著名回族刻砖艺人马少清之手。

伊斯兰教是唐初传入中国的，在很长的一段时间里，对伊斯兰教经学只是口头上授受，上世纪20年代，才出现了《古兰经》通本的汉译文，这部译著的作者是伊斯兰教著名学者天津人王敬斋。王敬斋的《古兰经》是从阿文直译的，先后曾出版过三种版本。著名历史学家白寿彝教授对此给予很高的评价。

目前清真大寺存有两本微型袖珍本阿文《古兰经》，一本长3.5厘米、宽2.2厘米、厚1.1厘米，体积相当于普通火柴盒的一半；另一本长2.2厘米、宽1.8厘米、厚1厘米，只有普通火柴盒的三分之一的大小，经书用金属盒盛放，上面镶有放大镜。全书一百一十四章，三十二万字，实乃稀世之珍。

　　清真大寺为天津市第一批市级文物保护单位。1960年，市政府拨款进行大修。"文革"浩劫中，当地穆斯林较好地保护了寺内建筑、砖雕和匾额。1976年唐山大地震，寺内砖砌体震损严重。1979年，市政府拨款40余万元进行修葺。

二水交并抱寺流

——望海寺

旧时三岔河口北，面对海河的地方，有一座规模宏大并为乾隆皇帝驻跸的古刹，它就是望海寺。以往有人以为"望海寺是望海楼的前身"，其实"望海寺"与"望海楼"只是名称相似，并不在一处。

望海寺始建于清朝初年（一说明代），乾隆元年（1736年）重修，原有乾隆皇帝的题额及殿联，为清代三岔河口著名景观之一。据《天津县志》卷八载："望海寺在城外河北，乾隆元年巡盐御史三保（正黄旗满洲人）提请重修，赐有御书匾额。"乾隆四年（1739年），《天津县志·天津县城图》上已标有望海寺，位置在三岔河口北岸，香林苑（后被乾隆御赐为崇禧观）之西。《天津县志·艺文志》还说："望海寺至香林苑，观卫（今南运河）、白（今北运河）二河交汇处。"乾隆三十八年（1773年），在香林苑南边又建海河楼（即望海楼），以备乾隆巡视时供茶膳。望海寺位于海河楼之西。

当时，望海寺一带名园麋集，人文荟萃，是天津重要的园林古迹。凡商旅行至三岔河口，莫不登临望海寺拈香拜佛，祈求神灵保佑。乾隆皇帝到天津巡视，多到望海寺拈香，并在此观览休息。

望海寺面对海河，且处于"三水交并"的特殊位置，在此观光览胜，实可谓得天独厚。生活在乾隆年间的天津学者查礼（1715—1782）游览望海寺后，喜不自胜，特作七律《望海寺》，勾画了这里的绝妙景致："殿角瞳昽（阳光由暗而明貌）寒日明，凭高迢递见蓬瀛。河分九派门前合，潮送三山槛外迎。烟霭有时浮刹影，霜天无际彻钟声。回瞻宸翰光华著，长使波涛昼夜平。"诗中说，倚立于寺院高处远眺，仿佛看到了仙山蓬莱与瀛州，显得那么辽阔高远，令人心旷神怡。

望海寺比起香林苑和海河楼来，维持时间要长得多。同治元年（1862年），法国侵略者强租崇禧观及海河楼，并于同治八年（1869年）建起了教堂，但法国侵略者"永租"去的地方，望海寺不在其内，故该寺在"天津教案"发生后依然存

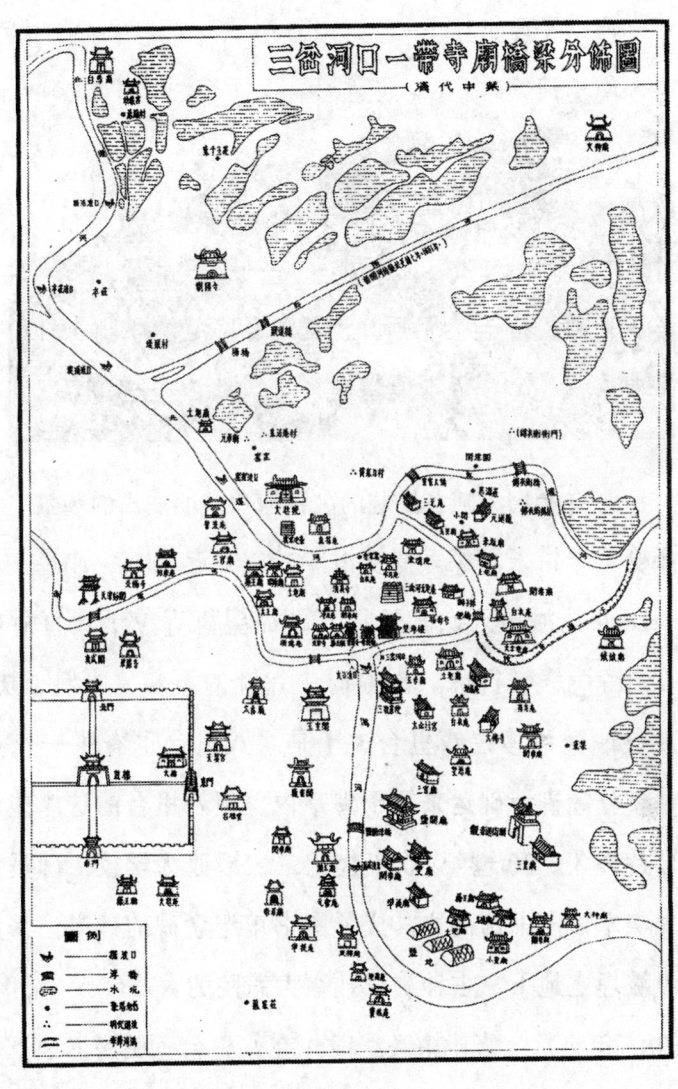

清中叶的地图上确切标出望海寺、崇禧观和海河楼的位置在，且仍有香火。直到民国初年，才成废寺。据说起因是该寺

1860年美国人阿龙绘制的三岔河口戏曲演出的场景

僧侣谋杀外来僧人，该寺僧被治罪后，寺遂封闭。

1918年海河第五次裁弯取直，因望海寺位于裁直后的海河中心，寺院终被拆除。拆除时，寺院的石料、木料、坊额、碑石、炉钟等均移往八里台。于是，八里台也有了一座望海寺。并将乾隆御诗碑运来置于碑亭内。但八里台的这座望海寺并未维持多久。20世纪20年代初，大殿改为学校，碑亭移至南开大学木斋图书馆西边，成了图书馆纪念碑的碑亭，御诗碑遭弃，被埋之地下，古钟被悬挂在大悲院的大雄宝殿内。

1985年2月，修建中环线时，在八里台一民房的地下发现了望海寺乾隆御诗碑。碑通高3.12米，宽0.93米，厚0.31米，碑额、碑身、碑座都有龙纹浮雕饰。碑上镌有乾隆皇帝自

1767年至1788年间六次出巡（方志记载，乾隆共十次出巡至津）途经天津时，在此拈香为望海寺作的七首诗。

碑阳二首。其一："南运河边望海寺，海其遥矣海河然。观者是佛观察智，普遍三千与大千。"其二："李贺诗人具卓见，杯中海水泄犹然。堂中大士如如望，道里那更计百千。"落款为"题望海寺一韵二首，乾隆丁亥（1767年）暮春上浣，御笔。"乾隆此次来津是察看堤闸，并检阅新城水师营和海光寺绿营兵。

碑阴一首："波罗梵宇碧溪浔，恍是普陀紫竹林。即色不殊即空体，海河当送海潮音。到来门径宛相识，悟去慈悲没处寻。未得无心心合众，延禧祝嘏一真心。"落款为"望海寺作，庚寅（1770年）暮春中浣，御笔。"乾隆此次来津参加了海神庙落成典礼。这一年天津及周围十一州县却遭水灾。

碑左侧一首："寺建海河滨，初来自丁亥。去岁再临兹，转眼复一载。海去此尚遥，溯河得望海。大士泯分别，如是观自在。斯行为巡齐，匪为津风采。便道成小憩，遂命维舟解。柳墅若有徯，分付回銮待。"落款为"辛卯（1771年）仲春月上浣至望海寺作，御笔。"乾隆此次来津到芥园察看了南运河水情，并从津至山东作水灾后的安抚之行。

碑右侧一首："望海祇园临海河，隔年此复一相过。虽然缛节繁文禁,仍有衢歌庵舞罗。只以祝愿合众志,遂因同悃礼三摩。普门无量慈悲愿,愿作筹添曼寿多。"落款为"癸巳(1773年)暮春月既,御笔。"乾隆此次来津仍为巡视河工。

碑阴额一首:"临河侧畔建兰若,望海因之遂得名。大士如如不动念,众生个个仰慈情。聊缘路便驻舟憩,更趱途长解缆行。柳墅去兹十余里,置之停跸待回程。"落款为"丙申(1776年)仲春下浣,御笔。"

碑阳额一首:"十载重言至,心空礼法王,光阴诚速速,相好自堂堂。清宴南和北,纷趋民与商。迥思祝愿况,望海只茫茫。"落款为"戊申(1788年)仲春,瞻礼成什,御笔。"

每首诗后均镌有两方御印。然这七首拈香瞻礼御诗,却未收入《畿辅通志》卷十《宸章三》高宗纯皇帝(乾隆)御制诗中。这七首诗现已成为研究天津历史文化的宝贵资料。

群帆历历望中收

——海河楼

有关方面决定用三至五年时间在海河西岸的张自忠路与古文化街之间重建海河楼，这对于带动古文化街地区的整体开发改造，繁荣周边的商贸旅游业，无疑是件大好事。但古代天津那座赫赫有名的海河楼究竟在什么地方，这个问题确有必要搞清楚。

有报道说："本市原有海河楼位于现在的通北路与张自忠路之间，建于元代年间，当时被称为'中国人的望海楼'，能从楼上看到渤海出海口。"云云。这完全是违背历史的谬传，所谓楼址和修建年代均与事实相悖。海河楼坐落在何处？建于何时？许多文献早有记载。《天津县新志》卷二十五《旧迹》

中记曰:"海河楼在三岔河口北岸,崇禧观东,乾隆三十八年建,御题'海河楼'榜字赐之。"书中对海河楼的建筑规模、环境及历史沿革等也都作了明确交代。其它文献也有类似记载,但均无上述说法。

英使节阿美士德随员于清嘉庆二十一年(1816年)过津入京时所绘的海河楼外景

说到海河楼,又得涉及到三岔河口。众所周知,昔日的三岔河口位于今天的河北区狮子林大街西头的狮子林桥附近,这里才是当年南北运河和海河的三河汇流处,亦即天津的摇篮与经济文化的发祥地。在1918年第五次海河裁弯取直之前,此处河道呈丁字状,北运河由东而来,南运河由西而来,汇入流向东南的海河。明末清初,三岔河口处有望海寺、香林苑和海河楼等建筑。望海寺处于今狮子林桥北现海河河道的位置,第五次海河裁弯取直时被拆毁;香林苑是康熙年间在望海寺东创建的一座规模宏大的道观，也早已荡然无存；海河楼也叫望海楼，是乾隆皇帝巡幸天津时的行宫，厅堂建筑辉煌，成为津门盛景之一，惜在一百多年前被列强拆毁，其地点就在现今望海楼教堂的位置上。

关于海河楼的修建，还得说一说清代的两位皇帝。一位是康熙，他多次出巡天津，曾亲临望海寺和香林苑拈香膜拜，但史料上并无康熙在这一带修建行宫的记载。笔者只是发现生活在康熙年间的天津诗人张霔（1659—1704）有一首题为《望海楼题壁》的诗，曰"嶙嶒杰阁俯三汊，隔断津城千万家。记得当年初眺处，送人海上看桃花。"这里大概指的是建于清朝初年的望海寺，而并不是海河楼。另一位便是乾隆，他也多次出巡天津，亦常去望海寺和香林苑拈香。史料中说，因乾隆皇帝对这一带情有独钟，天津郡守便于乾隆三十八年（1773年）在香林苑之东选择一个面朝大河的最佳地势，大兴土木，修建海河楼，以作为皇帝巡视津沽或拈香时休息、用茶膳之所，也可供皇帝登临其上，远观三岔河口景色。这种说法则是人们普遍公认的定论。该楼建成后，内有房屋152间，亭池台榭略备，层楼峻矗，依瞰流波，既观河海之波涛，又观三水之汇流，尤据形势之盛，故名"海河楼"或"望海楼"，也称"望河楼"或"河楼"。乾隆皇帝御题"海河楼"匾额。此后，乾隆巡行

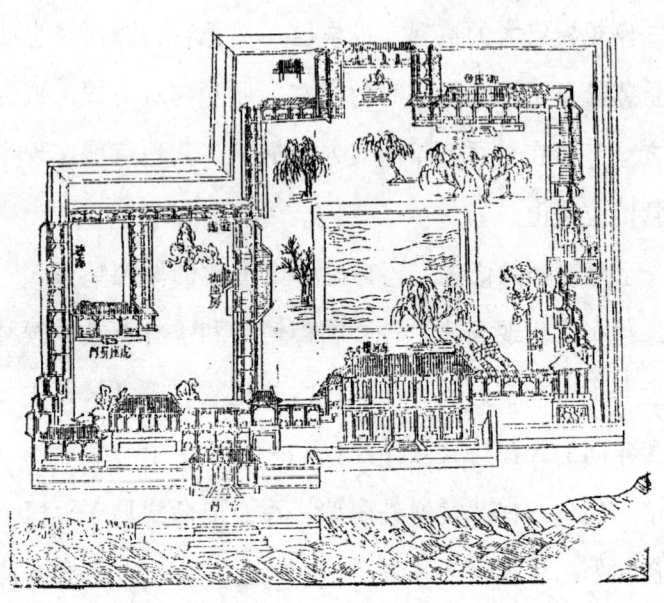

海河楼图（《长芦盐法志》）

天津行香望海寺及香林苑时，便在此楼休息、进茶膳。

海河楼至嘉庆以后，銮辂弗莅，栋宇失修，但仍不失当年气派。据载，嘉庆十三年（1808年）仁宗皇帝颙琰曾到此巡视并拈香一次。嘉道年间天津著名诗人、学者梅成栋（1776—1844）曾作《河楼春望》二首。其一曰："绿杨袅袅抱红楼，斜日凭栏感旧游。满地落花春不管，雏莺衔过古墙头。"其二曰："萋萋芳草望如烟，沽上潮来水相天。出网河豚三月美，桃花红映酒家船。"道光进士、曾任直隶州知州的吴士俊（1800—1883）尝作《望海楼观潮歌》长诗，生动描述了登楼

1858年英法舰队侵入三岔河口，
海河楼被英法联军强占为司令部

远望那一派"海光天色上下连"的沧溟开阔和"楼影倾摇浪花里"的楼下美景。1992年天津古籍出版社出版的《近代天津图志》收有一幅英国使节阿美士德随员于嘉庆二十一年（1816年）经过天津入北京时所绘海河楼外景图，详尽描写了当时该楼之全貌：前临大河，河上船只往还，河岸亭台楼廊，花木葱茏，游人穿行其间，仍具园林胜迹之观。

咸丰年间，国政日衰，海河楼渐至荒圮。咸丰八年（1858年）四月十四日，英、法、美等国兵船继攻陷大沽炮台后，溯海河而上，盘踞在三岔河口一带，崇禧观、望海寺等被抢劫破坏，海河楼被改为法国领事馆。同治八年（1869年）法国天主教神甫谢福音将这座有近200年历史的海河楼拆除,同年12月改建成"圣母得胜堂"。谢福音借"传经讲道的地方必须肃静"为由,横行霸道,不准中国人在附近活动而激起天津人民愤慨,第二年即爆发了震惊中外的"天津教案",放火焚烧

《辛丑条约》签订后第三次重建的望海楼教堂,现为全国重点文物保护单位

了"圣母得胜堂"。光绪二十三年(1897年)甲午战争后,法帝国主义胁迫清廷重建教堂。三年后,即光绪二十六年(1900

年)6月15日义和团运动再次烧毁该教堂。第三次重建是《辛丑条约》后,法国用强行讹索的"庚子赔款"再次兴建教堂。教堂两焚三建的历史深深打上了帝国主义侵略中国的铁证,同时也镌刻了中国人民反抗列强的不屈精神。因教堂三次修建都是在原来海河楼的基址上,故天津人俗称教堂为"河楼教堂"、"望海楼教堂",或干脆呼之为"河楼"、"望海楼"。

现今望海楼教堂为全国重点文物保护单位。楼为哥特式建筑,长55米,宽16米,建筑面积812平方米,堂高16米,正面有三座塔楼,呈笔架形,中间楼高12米。这里才是当年建造海河楼的地方。

广厦舟屯盛典隆

——皇船坞

清乾隆元年（1736年），时任天津知县的张志奇曾写《津门八景》诗，描绘了当时的天津风物，其中一景为"广厦舟屯"，就是指停泊龙舟而专供皇帝来津巡游之用的皇船坞。

皇船坞始建于清康熙五十二年（1713年），那还是在天津卫时代。其坐落地点，据《天津县志》里说："在天津闸口水围，御用龙舟俱贮此。"这里便是现今北安桥南、海河西岸一带的地方。《天津县新志》记载更为详细，说皇船坞南北外闸口三里，北向，康熙五十二年建，乾隆二十六年改建，坞房贮御舟十有一。又说："垣周一百六十丈，林木青苍，颇饶幽胜。"乾隆时代的诗人汪沆有诗云："船坞周遭百丈强，常扃锦缆与牙樯。官家勤政希游豫,闲煞黄头鼓棹郎。"诗中所说的"周遭百丈"并不夸张。同时代的文人蒋诗也有咏皇船坞一首云:"皇船坞口是渔家,杨柳青青一路斜。绝似西湖好风景,二分烟水一分花。"皇船坞周围遍植杨柳,坞口渔家归舟,坞内且安福舻、翔风艇、行春舫等皇船,其景真如钱塘西湖一般。

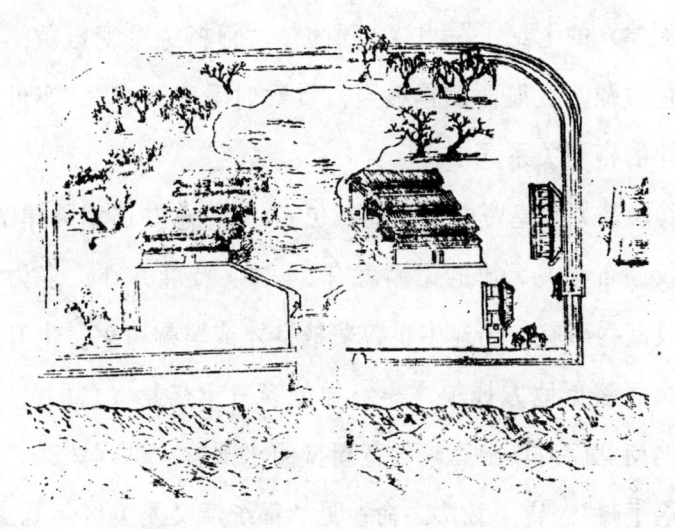

皇船坞图(见于《长芦盐法志》)

皇船坞既是贮存"御舟"的处所,就不能不提到清代帝王中来天津次数最多的两位皇帝。首先是康熙皇帝玄烨。他在位61年,十余次巡幸天津。康熙二十年(1681年)秋九月,他乘舟赴南苑游赏,乘兴顺北运河直下天津,一直抵达三岔河口,御笔挥出《天津》一诗:"转粟排千舰,分流纳九河。潮声连海壮，树色入京多。鼓楫鱼龙伏，停帆鹳鹳过。津门秋望远，明月涌金波。"康熙皇帝从早晨乘舟游到天津，在三岔河口观赏大运河南粮北运的繁忙景象，饱览了海河的大好风光，直看到"明月涌金波"的时刻，这便是《清史稿·圣祖本纪》中提及的"九月辛亥，上巡幸畿甸"那件事。康熙还有一道题为《天津》的七绝，写得也很到位："河柳绦绦变嫩黄，海门遥色色微茫。贾航商舶连樯至，贡赆时看集万方。"亦可见他与天津的密切关系。

其次是乾隆皇帝弘历。他在位 60 年，总共巡幸天津 10 多次，仅颁布有关天津的诏谕就有 24 件。乾隆来津，多为巡视河工及阅兵事宜。出巡中也曾奖掖良才或罢黜庸吏，也有因收成歉薄而豁免地方钱粮之事。如乾隆三十二年（1767 年）三月，他周览淀河堤闸后，驾莅新城阅水师营，见满洲兵"弓马及国语生疏"，遂下裁汰之命；见"都统奉义侯英俊年既衰老，复戎装繁重，传令错误，兵丁队伍紊乱，喧哗不绝"，龙颜大怒，遂将其革职。乾隆五十九年（1794 年）三月，他来津先进北门，后出东门入行宫。转天，进东门出北门到河北药王庙拈香。行至鼓楼时，见百姓欢迎拥塞，辇不能行，龙颜大悦，乃"召试迎銮士子，赏姚文田内阁中书，赐长芦盐商福字墨刻及貂皮各珍物，缓征欠盐课，免本年钱粮十分之三，豁免积逋及杨柳青夹河地方本年额赋"(《天津县新志》)。乾隆来津,不光是为了国计民生,他也钟情于天津河湖港汊那酷似江南的自然风光和这里的人文景物。他曾数次驻足津西水西庄,也颇能看出他对天津的关注。

由于康熙、乾隆及清代其他皇帝与天津的这种机缘,也由于当时帝王出行大都依赖于水路,在海河边建皇船坞,在天津置备一些特殊的船只,供他们来津时乘用,便是情理之中的事了。有人说:"修建皇船坞是清代皇帝为了他自己的享乐。"事实也并非完全如此。

皇船坞"万里巡行盛典优,安排凤艒与龙舟",在乾隆时代是极为"高贵"的建筑物。关于这一点,我们从上世纪50年代出土的皇船坞围墙所用的大砖中得到了进一步的证实。1955年夏,和平路旁的胜利公园四周栽种矮松,刨地换土时,在北面靠近人民银行芦庄子办事处的地方,距地面70厘米处挖掘出成行的大砖。这些砖长42厘米,宽21厘米,厚10厘米,体积约为平常用砖的五六倍,经考定正是当年皇船坞所用。发现大砖的地方,以方位考之,乃船坞围墙最北一面。刨土所见到排列成行的砖,既是墙基,应该由公园向东北穿过嫩江路、兴安路、辽北路,一直到达海河的地方全有。照此推断,皇船坞相当广阔,现今胜利公园的范围也只是已经湮没的皇船坞的一部分。近来这一带已被圈为建筑工地，一座现代化的宏伟大厦将在这里拔地而起。

宫门深闭花千树

——柳墅行宫

  柳墅行宫，现在知之者甚少，然在清人眼中，它却是一处充满神秘色彩的园林圣地。当年曾有不少诗家学人咏颂这一名胜古迹。嘉庆初樊彬"柳墅春融花笑日"（《津门小令》），道光初崔旭"津东胜地柳成林"（《津门百咏》），说的都是这座柳堡行宫，原来这里是专供清朝乾隆皇帝巡幸津沽驻跸之用的庞大的离宫别苑。

  柳墅行宫坐落在何处？刊行于道光年间的《津门保甲图说》略有记载，并附图指明了它的具体位置。根据图说所示与现今地理方位的对照查证，昔日的柳堡行宫应在今河东区六纬路与十二经路至十四经路间临近海河的那片区域内。

《长芦盐法志》对该行宫的兴建、修缮、行宫的建筑、乾隆皇帝的驻跸情况、乾隆皇帝在行宫所写的匾额、楹联及诗章、乾隆皇帝在行宫的收藏、乾隆皇帝在行宫的赐宴赏贲活动、继位的嘉庆皇帝数次对行宫的过问以及有关旨意等,记载得颇为详尽,且附有行宫的建筑平面图。《长芦盐法志》刊刻于嘉庆十年(1805年),距修建柳墅行宫只有40年,当时的行宫尚维持原貌,故其所记所载较为可靠。

根据《长芦盐法志》记载,乾隆三十年(1765年),天津的长芦盐商见皇帝巡幸至津,往往以海河楼,或以芥园,或以海光寺,为进膳憩息之所,而无一处专用的行宫,甚感不安,于是恩请皇帝批准,准许他们捐资为皇帝在天津修建一处专用行宫。经巡盐御史高诚转奏,乾隆皇帝准许天津盐商由户部、内务府、长芦巡盐使监督,捐资修造,经过一年多的施工,这座极为气派的帝王行宫,在海河岸边拔地而起。

柳墅行宫的外宫门西向,面对海河,内宫殿南向,依次排列,四周边遍植杨柳,"宫墙甬通,内外朝房,殿阁亭台,溪桥山石以及林木花卉,鹤鹿禽鱼靡不具备"。从《长芦盐法志》所载《柳墅行宫图》来看,整座行宫大致分为两部分,一部分为殿堂区,一部分为园林区。殿堂区内阁宇密布,层次分明;园林区内,小桥流水,花木扶疏。行宫内有朝房、偕乐堂大

殿、照殿、佛楼、西洋式戏台、海棠厅、题签室、藤萝厅、御座楼、船式厅……，总共拥有殿堂亭阁达500间。这些豪华的皇家建筑构成一个规模宏大的整体，是当时三津任何一座府第

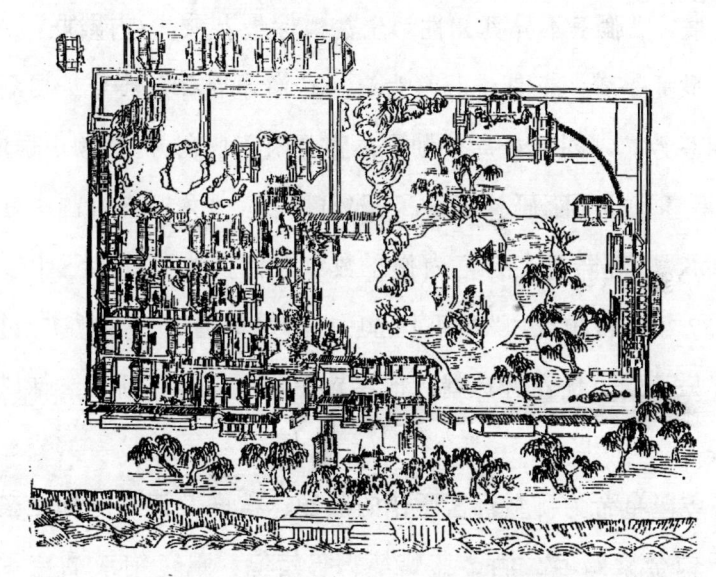

柳墅行宫图（《长芦盐法志》）

绝对不可比拟的，可称天津历史上最大的古建筑群。

乾隆皇帝在此驻跸八次，并留下诸多的题额、楹联，可见他非常喜欢这里。据统计，乾隆在柳墅行宫共题写匾额6处。题写的楹联则有：偕乐堂联"苔方绿处阶迎午，花欲开时露润晨。"播醇堂联："何处不堪体物理，于斯亦未忘民艰。"海堂厅联"丽日和风春淡荡，花香鸟语物昭苏。""向暖郊原润逮

耕，勒寒花树芳迟发。""树将暖旭轻笼牖，花与香风并入帘。"校签室联："土香带润轻围砌，花气含飔近扑帷。""庭饶芳毯铺生意，座有芸编结古欢。""诗情讵花柳，乐意在农桑。"奉佛处联："雁王不异真如性，聚数恒标最上乘。"内殿联："理趣所欣元是善，心期惟与静为谋。""商鼎周彝自典重，槛葩苑树相芬芳。""对枝好鸟殷勤语，弹萼闲花自在芳。"顺山房联："轩亭喜淳朴，瓯研总清嘉。"歇山楼联："乔柯皆入画，好鸟自调弦。"乾隆还在行宫内作了数十首诗。他在乾隆三十二年（1767年）诗中说："春朝上巳后，柳墅海河滨。烟意柔条挽，露光嫩蕊匀。向花开户牖，把卷异舻舱。却是怀惭处，德风播未醇。"

乾隆皇帝为柳墅行宫所作的匾额、楹联及诗章，都是亲笔书于钩金素蜡笺、洒金蓝蜡笺、碧蜡笺、藕色绢或洒金黄绢上，并钤"乾隆宸翰"、"陶冶性灵"等御玺，保存于行宫内，有的还刻木或镌石立于宫中。可惜的是，如此众多的乾隆手迹，连同颁存于行宫内的《古今图书集成》及其它珍藏，如今均荡然不知所往。

柳墅行宫自建成后，"属醝臣经管"。醝臣依靠盐商雄厚财力，将其养护极好。乾隆逝世以后，嘉庆曾三次传旨过问行宫情况，并颁旨："行宫是巡幸驻跸之所，宜时加察看，所有捐赀修葺，准通纲借拨课项应用。"嘉庆六年（1801年），天津遭受一场"汪洋横溢数百里，洪涛浊浪弥四庐"的特大洪水，柳墅行宫因此而受到损坏，盐政官苏图在众盐商敦请下上奏朝廷，请求修葺，得以批准。但修葺后仍未能发挥其"巡幸驻跸之所"的实际作用，嘉庆、道光皇帝始终没再启用这座行宫。

  道光二十六年（1846年），清廷决定将柳墅行宫变卖。但彼时没有人有胆量有财力买下整座行宫，于是，只好"分段拆卖"。至光绪十一年（1885年）这里已改建为天津武备学堂。有关具体情况，因系皇帝子孙的"败家"丑行，无人敢于记录传诸后世，所以资料阙如，实情不详。

经楼佛阁寻诗酒

——海光寺

坐落在南京路288号的中国医学科学院血液病研究所及其相邻的解放军272医院,是清代天津著名的坛庙寺观园林海光寺的基址。当年的海光寺,建筑宏伟壮观,周围环境优美,是清前、中期津郊一处绝好的风光游览胜地,也是津门学子时常光顾雅集之地。

海光寺在天津旧城南门外,这里原是一片沼泽地,明永乐初年,驻扎在天津卫的军队,就在这一带屯兵种田。明代"天津八景"有"定南禾风","定南"是天津城南门上的题额,"禾风"是形容风吹禾苗的景象。明正德年间身居朝廷阁臣的一代名流李东阳,曾以"万里黄云吹不断,一天翠浪卷还空",

对这一带的景色作了形象的描述。

清康熙四十三年（1704年），天津总兵蓝理表准在天津开垦水田后，第二年以驻军的劳力将南门外的种植区向南延伸，挖河、挑沟、筑埝，垦田200余顷，从浙江、福建迁来的农民行家参加开田，种植水稻。水田分为东、西两圈，当时被人们称为"蓝田"。在开垦水田的同时，蓝理又请僧人成衡在这里

海光寺及海光寺大钟

建立了一座普陀寺，以为农民聚会之所。寺庙周围柳绿成阴，水田盈盈，车戽之声遍野，曾有"小江南"之誉。因寺内栽种了大片葡萄，姹紫嫣红，珠垂累累，很多人把普陀寺竟误传为"葡萄寺"。康熙、乾隆两位皇帝都曾到过这里，乾隆并以此作为行宫，"海光寺"之名则为康熙所赐。

康熙五十八年（1719年）皇帝南巡，驻跸天津，工于诗画的寺僧成衡迎于西淀。康熙兴会所至，不但赐写了"海光

寺"的匾额,而且赐给该寺两副对联,一副是"香塔鱼山下,禅堂雁水滨";另一副是"水月应从空法相,天花散落映星龛"。高宗弘历亦步其祖父后尘,屡屡南巡。乾隆元年(1736年)时路过天津,为海光寺御书"瀛壖慈荫"匾额。此后又陆续为该寺写下了大殿额"普门慧镜",大殿联"觉岸正光明如水如月,法流大自在非色非空";御书楼联"春物薰馨含慧业,名禽宛转入闻思";大士楼联"不生波处心恒定,大寂光天相总融";后楼额"镜澜普照",后楼联"欢喜白毫光妙明合印,庄严香水海安隐同参"。乾隆三十二年(1767年)他曾在海光寺前阅兵,作《题海光寺》及《阅武》诗。转年作《海光寺》

当年的海光寺后楼

诗。乾隆五十三年(1788年)拈香海光寺,又写下《海光寺》诗。这几首诗当年均泐石于海光寺中。

皇帝的青睐与数次驾临更为海光寺这一佛门胜地平添一道美丽的光环。随之,官商捐金修葺,殿宇愈加弘敞,风景愈加秀美。不仅时有游方高僧挂锡于寺，而且成了文人雅士的郊游之地。近人杨平撰有《早年天津春游胜地——海光寺》一文说："早年，水西庄、西沽和海光寺，并称为天津三处春游胜地。其中以海光寺距城较近，风景优美，游人最多……西南面地势低下，与南洼积水相连，一望无际；东北面号称'杨柳万株'，枝叶连接，绿阴遍地。每到阳春时节，一天飞絮，十里波光，和寺院的碧瓦红墙交映，显得格外清幽。过去，每逢艳阳天气，总有游人到这里来玩。在喧嚣的闹市中，这里却成为不可多得的清幽处所，因而也有人称之为'小桃源'。当时一些文人墨客，更是特别欣赏这个地方。他们在这里饮酒赋诗，流连忘返。清人胡捷有《正月九日过海光寺》，诗云：'春郊策马日初迟，正是沙平草浅时。涧道犹闻冰瑟瑟，溪头已见柳丝丝。'这样冒寒寻春，想见当时海光寺这地方的盛况。"

旧籍中记载的乾隆二年（1737年）农历七月十五日中元节之游，颇能看出海光寺的佳景、该寺庙的文化底蕴及其对文人的吸引力。

中元节亦称"盂兰盆节"、"鬼节"，初为佛教节日，为追荐祖先而举行。此次出游者为水西庄查氏三兄弟的老三查礼和其他几位文人学士。

农历七月初一至十五这段时间，是北方雨水最为集中的时节,故民间早有"七月十五定旱涝,八月十五定收成"之说。清前期天津城垣外地势:北门外、东门外较高,南门外、西门外低下,尤其是南门外洼地广达四五十里,是城内宣泄水潦的地方。平日里这一带即潦涝无际,若汛水涨发更是"上下天光,一碧万顷"。那年中元节,恰逢雨水大作,天津城南一片汪洋,渺无际涯。正当而立之年的查礼与五位文友从泥淖中出归极门(即当时之南门),三人乘一舟,衔尾相接,橹声哑哑。对沿途及寺内所见,查礼在《中元冒雨游海光寺记》一文中写道:"中流则水光天色,上下浑涵,折苇断柳",小舟"出没于滉水间,如游鲲之潜泳于池中,而振其鳍也"。文章接着写道:"既而晴日开霁,精蓝参差,倒映曲渚",海光寺即在眼前,小舟向岸边靠近,诸人各摄衣登岸,遂与寺内出家人墨田相晤,墨田煮茶留客。过了一会儿,又登御书楼。此时"雨复大作,平波百里,俱在履舄下。回顾城市,居塵稠密,联若雁翅,聚若蜜脾,环绕鳞次。而此寺亦如君山洞庭,作一螺青黛,登斯楼者几忘此身之在波心"。从这些绘声绘色的叙述中,那海光寺所在之处犹如"水乡泽国"中的一座孤岛——二百六十多年前天津城南的大好风光尽收眼底。

从御书楼下来,查礼等人又来到葡萄草屋饮酒。葡萄草屋系僧人成衡结跌地,前有葡萄树一株,为成衡所种。成衡本嘉兴人,幼耽禅为僧。应蓝理之请,主持海光寺。此人书画入逸品,作诗不下数千首,为一代名僧,颇为查礼等辈所敬。然查礼等来此之际,成衡早已圆寂。对此,查礼在其文章中写道:"今葡萄犹累累,湘南(即成衡)亦寂久矣","墨田出其遗墨见示,观者莫不叹息"。

1858年6月在海光寺签订了
不平等的《天津条约》

当天晚上,查礼等乘舟返回津城,其《中元冒雨游海光寺记》又如实记录了中元节夜晚之所见:"既而返棹,则暮钟徐动,昏烟欲瞑,红灯数十盏悬列舣篷间,烛光宛宛,沉浮浪花中,俨繁星之在碧落也。小溪放水灯,自寺门至城闉数里不绝,后灯将没,前灯复朗,或聚或散,杳无定形,又爆声杂于其中,因风四合,随波百转,岸上观者如堵墙,宾主咸称乐甚,至家已一鼓。"这正是对清前期天津民间放河灯祭祖的描述。

乾隆以后,海光寺一带仍是蒹葭苍苍,水波淼淼。如清人梅成栋《游海光寺》云:"日暮凭栏感旧游,西阳无语下沧州。萧萧芦荻疑风雨,满浦秋声抱一楼。"1858年清政府与英、法等国曾在此签订《天津条约》。"同治间以寺外隙地为机器分局","光绪庚子兵燹,地当其冲,庙寺尽毁"(《天津政俗沿革记》)。如今,其旧迹更是荡然无存。不过,面对这里的高楼大厦和一派现代化景象,回味清代海光寺的胜境和二百多年的时世沧桑,也是别有一番情趣。

团勇济济卷狂飙

——吕祖堂

在红桥区永丰屯如意庵大街，有一处玲珑别致的道教庙宇，这里是我国仅存的比较完好的义和团坛口——吕祖堂。

吕祖堂由供奉"纯阳吕祖"吕洞宾而得名。它坐北朝南，其后墙便是前些年新开出的芥园道。庙基拔地约3米，是一座木结构砖坯材料填充墙的古庙宇建筑。占地面积1500平方米，建筑面积500平方米。明宣德八年（1433年）始建，清康熙、乾隆、道光、咸丰和民国年间多次修葺。

吕祖堂主体为传统殿式建筑，由山门、前殿、正殿、西配殿等组成。山门、前殿均面阔三间，进深二间。山门为硬山瓦顶，门口悬"吕祖堂"三字额匾。前殿作卷棚硬山顶，檐下悬

吕祖堂山门

"纯阳正炁（气）"匾额，中间供吕祖神像，两旁为药王和药圣塑像。正殿作卷棚悬山顶，顶通脊饰双龙戏珠浮雕，殿内供"北斗星君"神像。每年重阳（旧历九月初九）庙里举办"攒斗"庙会，以信徒奉献的香烛束聚成塔形，点燃为祀。西配殿又称"五仙堂"，供道教"五祖"（亦有供奉五大仙之说），义和团"乾"字团的坛口即设于此。

吕祖堂在中国近代史上以义和团的活动地而闻名，作为近代革命遗址而载入史册。

清光绪二十六年（1900年）声势浩大的义和团运动首先在山东兴起，很快传入天津，到五月底城厢一带已有坛口近300处，团民4万多人。义和团的乾字号首领曹福田，率领静

吕祖堂前殿

海、沧县、盐山、南皮、庆云等地团民数千人抵津,因吕祖堂地处南运河南岸附近,这一带居民多属劳苦民众,团民到津即在此落脚。

曹福田选定吕祖堂作为义和团总坛口后,以五仙堂为坛场,备有香案和桌椅,"坛中围桌椅靠,概用黄缎为之"。曹福田等首领在此议事,于是这里便成了天津义和团活动的中心和大本营。号称"天下第一团"的坎字号首领张德成、号称"黄莲圣母"的红灯照首领林黑儿等,经常到此拜坛,商讨斗争策略。曹福田就是在这里向"八国联军"发出了义正词严的战书。著名的紫竹林战斗、老龙头战斗和整个天津保卫战的作战计划，都是在这里拟定的。院内是团民们习武和审讯"二毛子"的地方。在6月18日抗击八国联军的战役中，吕祖堂周围居民纷纷给团民送"得胜饼"和绿豆汤，支援义和团勇士的

吕祖堂月台

战斗。由于义和团的英勇参战，迫使联军统帅英国西摩尔惨败，不得不更换德国瓦德西为统帅。对义和团勇敢顽强不怕牺牲的精神，瓦德西也深为惊服。后来，义和团虽然失败了，但他们反对侵略的爱国精神是永存的。

吕祖堂作为国内惟一保存完好的义和团坛口，于1982年被国务院公布为国家重点文物保护单位，并进行了修葺。1986年又辟为天津义和团纪念馆。

古寺无存名永存

——紫竹林

嘉道诗人梅成栋在《沿海河独行,过紫竹林喜书所见》诗中说:"高柳绿围村,村烟接水痕;板桥通古寺,花圃背衡门。"诗中所描绘的"古寺"即是紫竹林寺,那烟村野景便是当年的紫竹林一带。

紫竹林一带,明永乐建城时还是一片荒野。修订于康熙十三年(1674年)的《天津卫志》和乾隆四年(1739年)的《天津县志》对紫竹林均无记载。不过,成书于道光四年(1824年)的《津门诗钞》收入梁洪(崇此)诗十七首,诗后梅成栋加有按语说:"天津海河西岸有寺曰'紫竹林',在上园之南,相传天花和尚焚修其中,梁崇此先生赠之诗云:'萍迹今初定，新修紫竹林。一椽堪挂锡，三径始关心。花色拈秋影，潮声落馨音。他年成胜地，若个不追寻？'"且又引张霨《天花道兄住锡紫竹庵，秋日携诸子过访偶成》诗和徐兰有关紫竹林的诗作。张霨诗曰："荒山曾住惯，何况似村居？市远难沽酒，园多可种蔬。野人惊杖履，土壁饰图书。珍重相期意，高风慎在初。"徐兰诗曰："住锡闻今日，招寻曲径通。当门双树老，照佛一灯红。泉汲天心月，葵烹爨下桐。镇山无宝带，清话海云红。"梁洪、张霨、徐兰都是康熙年间人，说明他们在世时，紫竹林寺初建。从他们三人的诗中看，该寺地处远郊，水田交错，杨柳成阴，环境幽雅，寺庙主持为具有一定文化素修的天花和尚。

道光二十六年（1846年）刻本《津门保甲图说》，第六图右上角已标有紫竹林寺。并标示有高家庄、叶家庄、紫竹林村这三个村庄，可知此庙建于康熙初年，道光年间这里又发展为紫竹林村。

紫竹林寺的原址有人说在今和平区承德道天津艺术博物馆（原市图书馆）那个地方，其根据为雷穆森《天津——插图本史纲》（英文）第五章："法国市场的旧址上有一座紫竹林寺。"因今艺术博物馆所在位置旧时传为法国市场，中国学者接受了这一说法。然雷穆森毕竟是外国人，他还说过紫竹林寺"庭院内有竹数竿"等，这些均不甚可靠。

天津民俗专家张仲先生经过考证，认为紫竹林寺当在佛照楼北侧，此说更为具体翔实。张先生曾见到一幅光绪二十三年（1897年）刘瑞清（字澄波）绘制的天津城区示意图，这一珍贵的历史图籍确切证实该寺在佛照楼的北邻。佛照楼为老一代天津人所熟知，就是现在哈尔滨道东头的南昌旅馆（原名佛照楼客栈）。紫竹林寺以北尚有紫竹林大街，接近现今的吉林路，西南则为"马大夫医院"（今口腔医院）。

在天津众多的文物古迹中，紫竹林寺或许并不十分显眼，重要的是，"紫竹林"一名常见于近代中外文献而被载入赫赫史册。咸丰十年（1870年），清政府允许帝国主义者到天津通商之后，英、法、美首先选择了这个地方作为他们的"租界"，从此"紫竹林"就成了这些租界地带的简称，于是见诸文牍，全国闻知；并通常在口头上，也以紫竹林与租界连称。从前商务印书馆编印的《中国古今地名大辞典》中也将这个名称收入，可见这一渺小的庙名已经成了为世人所瞩目的地名。

紫竹林亦以义和团在此血战帝国主义而著称。1900年，义和团首领张德成、曹福田和红灯照首领林黑儿（女）等率领义和团勇士分三路于6月20日进攻法租界包围紫竹林，经过浴血奋战，夺回租界。据史料记载，团勇们在数十头牛尾上捆上油絮，点火燃烧后，把牛向租界猛赶，牛尾一烧，火牛向前狂奔，登时，轰隆之声四起，将侵略军埋下的地雷破坏得干干净净。租界内的侵略者惊恐万状，"皆挂白旗"，以示不战。英

开埠后的紫竹林

勇的义和团不给敌人喘息之机，直攻到英法租界的交界处（今营口道中国银行后门一带），团勇们火烧洋楼、捣毁敌巢，持续激战达一个月之久，给帝国主义以沉重打击。与此同时，居住在租界里的中国人也纷纷拿起武器，配合义和团不断袭击帝国主义分子，使他们惶惶不可终日。

紫竹林寺直到庚子之役以后才因建房拓路而被毁废。《中国古今地名大辞典》说这座庙"烧于庚子之役"，不确。如今

这一带，早已高楼麇集，一派繁荣，200年前"柳绿围村，烟接水痕"的田园景象更是虚渺无存，然而那"紫竹林"的名称却永久地铭刻在中国人民的心中。

一片丹心化怒涛

——聂公碑

天塔下，水上公园路一侧的绿地上，建有一座"聂忠节公殉难处"的纪念碑亭。聂忠节，即清末直隶提督聂士成，"忠节"是清廷给他的谥号。100多年前，在抗击八国联军的战斗中，聂士成大义凛然，负伤阵亡，血染八里台桥头，在中国近代史上留下了壮烈的一页。

聂士成，字功亭，安徽合肥人，生于清道光年间，武童出身，与李鸿章有同乡之谊。早年隶属袁世凯的叔祖父袁甲三麾下，后转入李鸿章淮军。甲午之战，直隶提督叶志超兵溃平壤，聂士成却在大高岭坚守，并收复连山关、分水岭，继而又击毙日将富刚三造。在台湾，他随督办军务的刘铭传屡挫入侵法军,捍卫祖国宝岛。他不像一般清朝武官畏敌如虎,相反,却冲锋在前,为保卫领土而战。因他是士兵出身,据说每次发放士兵军服、兵饷时,他常坐在一旁监督。在芦台统率淮、练各军时,有一次行军经滦县,百姓夹道送水,聂士成即令各管带一律不准饮用扰民,以致士兵跑到河边捧水喝。因聂士成是清王朝的武官,他也曾镇压过太平军、捻军和义和团。

1900年帝国主义者组成"八国联军",从大沽口打入天津。聂士成统率"武卫前军"驻防天津城南海光寺。

今日之聂公碑

他身先士卒,与外国侵略军拼杀于小营门、跑马场和八里台一带阵地,阻止联军向天津城发动进攻。联军以六千多人的兵力进攻小营门、马场道一带,聂士成率部坚守。但因寡不敌众,退至八里台。此时,从租界里出来的500名日军也加入围攻的行列,聂士成被敌人重重包围。激战两小时后,聂士成两腿负重伤,率军突围至卫津河八里台桥。两军接仗,弹飞如雨。营官宋占标哭求聂士成向城区后撤,聂士成提刀挺立桥头,不为所动。他说:"我与天津城共存亡，离此一步，不是男儿大丈夫！"正在这时，飞来一颗炮弹在附近爆炸，聂士成腹部受伤，肠子流了出来，但他早把生死置之度外，继续指挥战斗，后来头部、胸部接连中弹，流尽最后一滴血。

八里台之战，为中国近代史上著名的天津保卫战之始。在这场保卫战中，聂士成等人以自己的热血和生命谱写了一曲惊天地泣鬼神的爱国主义颂歌。清末爱国诗人黄遵宪为纪念聂士成的壮丽殉国，写有《聂将军歌》。歌云："天苍苍，野茫茫，八里台作战场，赤日行空尘沙黄。一弹掠肩血滂滂，一弹洞胸胸流肠，将军危坐死不僵。聂将军名高天下闻，髯虎眉面色赭，河溯将帅无人不爱君。"

聂士成殉国后，营官王怀庆将聂的血衣送往京师，得到清政府的封赏，谥"忠节"。其尸体由哨官张林背回，埋葬于合肥原籍。几年后，袁世凯在今红桥区三条石为聂士成修建了聂公祠。天津绅民在其殉国地点——八里台，树立了"聂忠节公殉难处"纪念碑，并筑亭以覆之。碑亭两旁刻有袁世凯书写的长联："勇烈贯长虹，想当年马革裹尸，一片丹心化作怒涛飞海上；精诚留碧血，看今朝虫沙动劫，三军白骨愁歌乐府战城南。"横额为"生气凛然"。卫津河上的八里台桥取名"聂公桥"。

1984年，有关方面对聂公碑重新修复，碑亭距原处南移约百米，基础加高，原碑亭上袁世凯的那副长联未再镌刻上去。后来又在碑亭前建起一座聂士成骑马的塑像。1987年出版的《天津近代史》对聂士成做了公允的评价："终为捍卫民族尊严而献出了生命，应该说是功大于过的。"

稻香不忘拓植人

——周公祠

祠堂是有地位的人家在家乡修建的纪念先祖的家庙，或是当地人为纪念某先哲功德的专祠。坐落在津南区小站镇西南一公里会馆村的周公祠是祭祀清代天津镇总兵周盛传的祠堂。天津的其它专祠，尚有怡王祠、毛公祠、谢公祠、僧王祠、丁公祠等，今多已不存。

周公祠之所以饮誉津门，与周盛传拓植与传播小站稻有关。小站稻，营养丰富，味美适口，是人们喜食的粮品，不仅在当今的国际市场声名卓著，早在清代已深得世人赞美。《津门竹枝词》云："作粥葛沽稻粒长，汁滤晶碧类琼浆。"当人们提起那闻名遐迩的小站稻时，总要想到周盛传这个人。

周盛传,字薪茹,晚号北海老农,安徽合肥人。清同治十年(1871年)奉李鸿章之命率九千淮军驻屯小站,从此与水稻结下不解之缘。

东面的武壮公祠

小站地区从明代就开始种稻。《明史·汪应蛟传》记载,万历(1573—1620年)年间,汪应蛟驻兵天津,有驻防部队四千名,每年饷银六万两,由民间征发。汪应蛟认为:"留兵则民痛苦,恤民则军不给,惟有屯田。"他看见葛沽、白塘口这一带的土地,无水即碱,得水滋润,于是募民垦田5000余亩,其中水田占四成,每年亩收四五石。其后,又设闸穿渠,引海河淡水灌田,形成十围,水稻生产扩展至天津南郊何家圈、双港、辛庄、泥沽等处。然不久以后,汪应蛟去任,田地又大部分荒芜。当时的杰出科学家徐光启在《农政全书》中,也曾提出过垦种的建议,而且记载了明代天津农区开荒垦种的情景。

鸦片战争后,随着天津海防地位的提高,清政府对沿海屯垦也重视起来。周盛传到小站一带屯田练兵,分扎18个营盘,动用全部人马,开挖马厂减河,培筑驿道,40里设一大站,10里设一小站,周盛传的指挥部设在新农镇,适逢设一小站,故此后即以"小站"称呼。周盛传率军拉荒洗碱,开田种稻,前后历十余年,水稻品种不断更新,栽培技术逐年改进,加之引入的南运河水含有较丰富的腐植质,遂形成著名的"小站稻",并成为清皇室的贡米,天津的农业发展也因此而进入了兴盛时期。

中间的先农寺

周盛传在驻屯小站期间,为便于淮军及家属聚会、敬神和娱乐,在此建立起会馆、全神庙和戏楼。全神庙原有大殿、配

西面的刚敏公祠

殿、山门、影壁等建筑，占地约 40 亩，光绪初年改称"新农寺"。1918 年，人们在新农寺内建周盛传祠堂，新农寺始称周氏祠堂。现除并列三祠堂外，其余建筑均已不存。

祠堂，皆面阔三间，进深一间，面积 30 平方米，青砖硬山顶，前接卷棚顶抱厦，青砖为墙，白石作阶，建筑庄重，朴实无华。东祠祀周盛传，称武壮公祠；西祠纪念其兄周盛波（曾佐盛传屯田种稻），称刚敏公祠；中间仍称先农寺，祀轩辕黄帝。乡人每年农历三月二十八日在此举办庙会。

潞河岸边相国祠

——李公祠

　　上世纪初,一座古朴典雅的安徽庭院式园林在潞河北岸建成了。它是专为清末重臣李鸿章建造的祠堂,名叫李公祠。

　　李鸿章(1823—1901)名少荃,安徽合肥人。他身居"相国"高位,是清代所有汉族文武官员中,官位最高、权势最大、中国近代史上赫赫有名的人物。他从1870年任直隶总督兼北洋大臣,到1895年卸任,统管天津达25年之久。特别是他晚年创办洋务,所开设的工厂、修筑的铁路,也大都集中在天津,这就更与天津结下了不解之缘。由于李鸿章在清末政治、经济中的显要地位,他于1901年死后,清廷对他赐恤优加,先后在其家乡和京、津、沪、宁、苏、浙、冀、鲁、豫等

当年的李公祠

任职之处,为他修建了10座祠堂。

天津的李公祠是光绪三十一年(1905年)由当时任直隶总督的袁世凯主持修建的。祠堂共占地约2万平方米,其建筑完全仿照李的家乡安徽的建筑风格。正门为一座大门楼,坐北朝南,门前建有石台阶,两侧有雕工精美、栩栩如生的石狮。门楼的对面是一座磨砖对缝的大影壁。进入大门,两侧有门房数间。院内有东西厢房各3间,北面是通往后院的过厅,两侧为腰房。跨过中厅,进入后院,正面连9间的大殿堂为享堂,堂内红色立柱矗立,高轩宽敞,气势雄浑,是祠堂的主建筑。东西两侧是配殿,院中间建有一座精巧美丽的八角亭。前后院的殿堂之间均有绿檐红柱、古色古香的游廊相通。殿内堂前挂满了名人题写的匾额和楹联。正院的西面还有一处跨院。祠堂后凿池注水为湖,苍松翠柏,垂柳摇曳。整个祠堂,规模宏

李公祠内的园林景色

阔，装饰华美，整体性强，且又富于变化，堪称天津古建筑中的佼佼者。

辛亥革命后，这座宁静肃穆的李公祠，一度成了天津各派系的资产阶级政党和社会名流的政治集会场所。1912年5月至1913年2月间，统一党直隶支部成立大会，有400余名同盟会会员出席的同盟会燕支部成立大会、中华民国自由党直隶支部成立大会、民主党直隶支部成立大会、社会党天津支部成立大会，都是在这里举行的。上世纪20年代，李公祠的后花园一度作为消夏游览之地向游人开放，并设有茶社，代卖果品糕点之类。1937年，天津沦陷，李公祠被日伪占用。日本投降后，国民党三区党部书记宋雁题在祠堂西跨院创办启明小学。之后，又联系天津县教育局局长刘宸章等人，向李鸿章的孙子李嘉琛借用前院客座东房3间，建庐山中学。解放后，更名向前中学，李嘉琛任名誉校长。不久，又更名为天津市第三十三中学。

多年来，校舍几经扩建、改造，目前，李公祠内，后院那座八角亭迁至宁园，潘龄皋撰写的《天津李文忠公祠堂附祀记》等石碑移至天津市历史博物馆邃园内，其余建筑多已不复存在。

托孤重臣退隐处

——逋园

当年河北区兴业大街北头第一中心小学附近有一座大宅院,人称"焦家大院"。这座大院占地百亩,门楼临街,墀头砖雕,极为考究。其门后为砖砌影壁,后为穿堂式门厅。其后为箭道,沟通东西大院。东院由六套四合院组成。西院建有佛堂,另设跨院为佣人和杂役住室。庭院后面构筑园林,名为"逋园",取"逋逃流散"之意,典出《书·大诰》:"予惟以尔庶邦,于伐殷逋播臣。"园主人是清咸丰皇帝的托孤重臣、中国近代史上祺祥(清载淳年号,1861 年 7—10 月,旋改同治)政变中被罢官的赞襄八大臣之一的焦佑瀛。

焦佑瀛,字桂樵,直隶天津人。道光十九年(1839 年)

举人，因其才干超群，深得清宗室肃顺的赏识。

祺祥政变也称北京政变、辛酉政变，是第二次鸦片战争中，清朝最高统治集团内部发生的一次重大事件。在这场争斗中，肃顺等顾命大臣，作为慈禧太后一伙的对立面，在措手不及的情况下，为慈禧、奕䜣所击垮，焦佑瀛则与肃顺等一同败下阵来，这实在是一个刹那间的变故，说明了政治斗争的残酷。

早在咸丰十年（1860年），焦佑瀛在天津静海县负责团练时，经肃顺推荐，召至热河，命其在军机处行走，迁太仆寺卿，成为咸丰皇帝身边的要人。翌年8月，咸丰皇帝病重，临终前命怡亲王载垣，郑亲王端华，协办大学士、户部尚书肃顺，御前大臣景寿，军机大臣穆荫、匡源、杜翰、焦佑瀛8人为赞襄政务王大臣，辅佐年幼无知的同治小皇帝。咸丰皇帝刚死，慈禧太后便企图垂帘听政。她与觊觎政权的恭亲王奕䜣相勾结，授意御史董元醇奏请皇太后垂帘听政，并派近支亲王一二人辅弼，为慈禧与奕䜣上台张本。肃顺等以"本朝无太后垂帘故事"为由，拟旨痛斥。不久，慈禧与奕䜣发动突然袭击，将载垣、端华、肃顺处死，景寿、焦佑瀛等5人分别革职。事实上，八大臣反对两宫垂帘听政的"皇帝谕旨"，就是焦佑瀛拟的。谕旨以大清祖制和先帝遗命为依据，有力地驳斥了所谓皇太后垂帘听政的主张，足见焦佑瀛的文采和见地。

焦佑瀛被革职后，回到天津故里，以"逋播臣"自命，过起隐逸的生活。他在锦衣卫桥附近修筑园林一座，取名"逋园"。这一带地处河湾港汊，小桥流水，渔舟往来，焦佑瀛在园中筑亭建房，亲植花木，喂养鱼虫。时逢花晨月夕，每每开筵延宾，饮酒赋诗，悠然自得。其闲情逸致，颇为乡贤倾慕。

关于焦佑瀛的才华，民国年间戴愚庵的《沽水旧闻》作过如下记述："天津进士焦佑瀛，文章道德，一时无双。当咸丰末年为小军机。"言及逋园及其周边景物，该书说道："焦遂归隐津门，小居河东锦衣卫桥之畔。地当海河（实为金钟河）港岔，船只往来，帆樯如林，捕鱼虾者，皆集于斯，每当夜午，渔灯蟹火，两岸喧哝，胜地也。焦于桥西，购地百亩，修拓一园，命名逋园（俗称焦家园）。其间极亭台花木之盛，饶虫鱼鸟兽之欢。豆棚瓜架，菜圃蔬畦，躬亲种之。每于花晨月夕，开筵延宾，诗酒之盛，脍炙人口。"（《焦佑瀛归隐种菜》）

随着时光的流逝，焦家大院渐被分割成大大小小的民居，昔日逋园的清幽早已无从寻觅。焦佑瀛在逋园所写的诗文佳作，由于当时的政治背景，以及人们对祺祥政变中下台人物的讳忌心理，也都没有流传下来。现在，逋园的旧地已建起了座座新楼。

旧院尚闻老凤声

——状元楼

早年,天津河北天纬路附近,天津市乳胶厂后侧,有一座远近闻名的状元楼,中国末科状元刘春霖一生中大半时间就居住在这里。如今,状元楼已失去旧观,但遗迹犹存。

刘春霖是河北肃宁县人,早年迁居天津。他才思敏捷,青年时代,即以诗文和学识为士林所称道。清光绪三十年(1904年)甲辰科开考,刘春霖一举获取状元功名。他是天津封建文人中第一个中状元的人。此后,清政府废除科举取士制度,刘春霖当然就成为天津乃至全国最末一位状元了。

关于刘春霖中状元的由来,还有个传说:当甲辰会试时,本来谭延闿(曾任国民党政府主席)中试第一名,刘春霖的名次在第十七名。但在殿试时，谭反被取在刘后。另一位才子金梁（字息侯）的试卷也不错。但慈禧太后发现里面有"痛哭"的字样，当时正值慈禧七旬万寿大典，认为不吉利，结果金的试卷被掷之于地。而在刘春霖的殿试卷名字上点上一点朱红，于是刘列居榜首，大魁天下。

刘春霖清末曾历任翰林院修撰、福建提学使、直隶法政学堂提调。辛亥革命后，在北洋政府任大总统秘书、中央农事试验场场长、直隶教育厅长等职。曾在保定经营书局业务，天津的直隶书局和群玉山房均为刘春霖所办。上世纪30年代，侨居我国的犹太富翁哈同，死于上海。哈同的丧礼，仿中国旧俗。主办其事者，特恳人转请当时仅存的中国末科状元刘春霖为哈同撰写行状，并任点主官，为其点主。因此刘春霖成为上海轰动一时的新闻人物。

刘春霖居津时，也是天津文坛的活跃人物。他与儒林好友章梫、金梁、王守恂、赵元礼及城南诗社诸社友多有往还。每有诗酒之会，互相吟诗唱和，他工于书法，尤精楷书，字极俊丽，有工书《般若波罗密多心经》刊行。1921年重建保定莲池公园碑记，也出自刘之手笔，深得人们的赞赏。晚年因患手颤症，凡有求书或请题名册者，不得不予以谢绝。1939年天津发大水，刘春霖离开天津，赴北京就医。1942年1月18日去世。至此，状元乃绝迹于中国。

　　状元楼原是一处带院落的砖木结构的两层楼房。前楼在天纬路，老门牌是天纬路167号，后楼直向南延伸到北运河畔。楼上下内部的隔断、门窗和走廊等，都是用硬木建造的。有的雕刻花卉，极为精致古雅。楼院西部，辟有花园，原植三株老槐，现仅存一株。由于拓宽李公祠大街，目前只存有前半部带走廊的楼梯的楼房。但从其天纬路西口带拱券的正门和楼墙看，依稀可以想见当年状元楼的风貌。

老红新粉费经营

——荣　园

位于河西区东北部的人民公园,其前身是津门富豪李春城的私家花园——荣园。荣园俗称"李善人花园",或称"李园",距今已有140多年的历史。

荣园建于清同治初年(1863年),面积约占270多亩。《天津志略》载:"荣园为津门李善人之别墅,建筑是园聊为休憩之所。"《天津县新志》载:"今有荣园,为李氏别业,在城南十二里东楼。"荣园是从东楼、西楼等村的土地中划出的,这些土地皆为李氏所有,园的四周以壕堑为界,布局大体仿照西湖园林设计,颇似江南风光,且以芦花为最胜。园内西北方有土山一座,湖中有"水心亭"和"曲虹桥",园之西南隅有小榭和养静室,直通西北山隅山道。环绕湖溪筑有堤岸和拱桥。桥名曰"中和桥",假山上有"中和塔",南隅有花窖六所。花园中心建有亭子,取名"咏诗亭",距此不远筑有厅、楼、廊、厦,构成天然院落。东南隅建有"藏经阁",阁分三层,高四丈许,雕梁画栋,朱漆门窗,气势壮观,矗立于园中,愈显古朴典雅。园内还设有鹿囿、鹤笼、狮山和孔雀房等。

说起当年荣园的主人,在天津可是非同一般的人物。天津旧时有句民谣,叫做"高台阶,黑大门,冰窖胡同李善人。"这荣园便是"李善人"家的。"李善人"原籍江苏昆山,大约在清代康熙年间来到天津卫落户,住在北门里户部街。后有一条生活

园内的中和塔

比较好,迁到东门内二道街东头的冰窖胡同。李家在天津初露头角的是显赫一时的李春城。

李春城(1826—1872),字筑香,在李家本族中排行第八,

被称为"李善人"第一代。咸丰元年（1851年），举"孝廉方正"，先以州同知用，复叙为通判知州，后又捐纳员外郎，于同治元年（1862年）诠授刑部四川司员外郎，不久告归回津。"李善人"的称号是从李春城这一代开始的。李春城的正妻吴氏，被称为"李八老太太"，平时好吃斋念佛，为了向别人显示她"心慈"，好做"善事"，经常买些活鸟、活鱼"放生"；遇到家中喜寿大事，待客的酒席一律不上鸭子，说是不愿"杀生"。李家对各地庙宇，大事布施；每到冬季，施舍棉衣、小米粥；各地逃到天津城里的难民到李家讨饭，均给予接济。于是社会流传李家"乐善好施"，是"善人"，李家也欣然领受。后来，李家又在东南城角草厂庵开设"李善人粥厂"，专门收容乞丐。李春城死后，其子孙继续办"善举"。清廷官方或天津士绅要办一些赈济，均选中有声望的李家来出面主持。于是"李善人"的声名就广泛流传开了。清末民初，有一个专在各大盐商富户走门串户的女艺人，人称"于瞎子"，弹得一手好琵琶，曾把"李善人"家及"善举"编入"天津八大家"的唱段里面。因此，"李善人"之名不胫而走，成为当时天津公认的"八大家"之一。

李春城有四个儿子：士铭、士钤、士钰、士锜。在社会交往中，他们都以字行，分别称为子香、嗣香、幼香、稚香，为

"李善人"的第二代。"李善人"的第三代，按"宝"字排，有宝诚（颂臣）、宝诗（赞臣）、宝诜（荩臣）、宝谦（益臣）等弟兄十人。他们利用财富和"善人"之名广结官僚政客。第二代李士钰的女儿李宝慧嫁给了袁世凯的儿子袁克安，第三代李宝诗的儿子李家禶与曹锟之女结婚，李宝诜之子李家祁与曹锟之弟曹锐之女结婚。李家还和江西督军陈光远、天津警察厅长杨以德都有亲戚关系。

荣园经李氏历年修筑，日臻完善。每当春秋佳日，"李善人"家族便来此游览消遣，李家亲友也有在此宴客者。李家也以此园为"都人士所游集地"自诩。与天津有较深因缘的郑孝胥（1860—1938）在天津期间，先后到荣园数十次，并与李士钤相友善。他亲为园内名景题辞，如"挹清堂"、"淼薮"、"柏岭"、"苇湾"、"因树榭"、"窣堵冈"、"舞叶楼"、"宛在亭"、"身云洞"、"菱亭"、"凸桥"、"诗趣轩"、"舫斋"、"松径"、"药圃"等，还作《李园十咏》之诗。

然而历史不容情，"善人"也未能"永保"基业。1900年八国联军入侵后，李氏后裔即开始分炊析产，荣园无人经营，楼亭颓圮，树木荒芜，杂草丛生。又经1917年和1939年两次洪水侵袭，园内建筑大都朽毁。1937年日寇侵华时将此园改作为"新民会"址。1945年曾为红帮分子把持的"育德"学院校址。1948年国民党军队进驻园内伐木，构筑战壕掩体，荣园更加荒凉不堪，周围人们视为虎狼之地。

解放后，天津市人民政府接管了这座早已荒凉不堪的荣园，经重建，于1951年7月1日正式开放，命名为"人民公园"。1954年张学良将军的胞弟张学铭任人民公园管理所

按原样重修的藏经阁

副主任时，委托世交、中央文史研究馆馆长章士钊先生致函毛泽东主席为公园题字，同年9月19日毛泽东主席复函并附亲笔书写的"人民公园"四个大字。这是毛泽东主席第一次为我国的园林题字。该园经多年整修，现占地14.2公顷，其中水面4公顷。园中有假山、水溪、亭塔、游乐场、展览厅及动物观赏区等。枫亭居全园中部，是园内原有建筑物；园东南角是藏经阁遗址，已按原样重修。1994年，还在原祠堂的基础上建成圆通殿一座。园内每年都要举办各种花卉展览，花木中尤以

在原祠堂基础上建成的圆通殿

海棠、秋菊最受游人青睐。上世纪80年代和90年代初,著名词人张伯驹和寇梦碧、张牧石等每年春天都到园中观海棠,留下诸多脍炙人口的诗词佳句。张伯驹先生《浣溪沙·沽上与梦碧、牧石故李氏园看海棠》有"锦绢笼影晕娇红"和"更看近水起楼台"句(见《张伯驹词集》),道出园内之妙境。

百年风云园中看

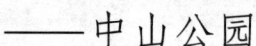
——中山公园

中山公园初名劝业会场,清光绪三十一年(1905年)始建,三十三年建成,是天津最早的向公众开放的公园。1912年更名为天津公园,不久又改称河北公园。1928年北伐胜利后,为纪念孙中山先生的丰功伟绩和两次来津巡视始用今称。

中山公园是袁世凯督直时,为推行新政,在河北三岔河口上游架桥,修火车站,开辟大经路,兴学,修建官署,又应各学堂人士之请,选择了思源庄旧址,经扩充改建辟为公园的。那时的中山公园比现在要大三倍,其前门临大经路,建有四柱牌楼,书有"劝业会场"四字,大门里路面宽阔,两侧铺面,为游览提供服务;二门为过街钟楼,楼上镶嵌国产自鸣钟,每

当年的劝业会场正门

逢打点时,方圆数里均闻悦耳的钟声;在二门相对处,为太湖石堆砌的假山,山上立有南海大士观世音的雕像,手持宝瓶,向下注水,山下有水池,池畔有石雕玩偶,可以喷水。园内亭台楼榭,端庄古朴,小池细渠,板桥回栏,杨柳摇曳,曲路羊肠,另设有茶座、餐厅服务设施等。岁时节令,更有应景活动。正月放焰火,夏日白天赏荷花,傍晚放电影,重阳登楼远眺菊赛,美不胜收,游人纷集。公园两侧,建有中华武士会、商品陈列所、直隶省议会厅、博物院、省立图书馆、美术馆、中州会馆、觉民中学和北洋造币总厂等实业机构。公园的总体设计充分体现了"振兴实业,提倡国货"的思想,有花园,又有公共设施,既是文化娱乐的好去处,又是公众集会活动的场

清末、民国时中山公园钟楼

所,半个世纪以来,很多具有重大历史意义的革命活动都是在这里举行的。

1910年12月,天津掀起资产阶级立宪请愿的热潮,大家公推法政学校的李大钊等为代表,河北一带学堂的学生于19日在公园集合,直奔直隶总督衙门请愿。

1911年12月14日,在武昌起义的推动下,北方革命协会在天津成立,革命党人通过顺直省咨议局约请各界在公园内法政研究所开会,革命党人王葆真在会上提出:我省应当宣告独

现中山公园正门

立。这一建议博得在场各界人士的热烈拥护。

1912年8月24日,孙中山应袁世凯邀请北上共商国是,路过天津时,应直隶都督张金波之邀,赴公园官绅欢迎会,即席发表演讲,而后参观了设在公园内的国货陈列所,下午2时40分在新车站(北站)乘火车赴京。

1915年6月6日,天津救国储金募捐大会在公园召开,周恩来登台演讲,号召人们奋起图强,振兴本国经济,誓雪国耻,坚决不当亡国奴。会后写下了《广募救国储金致友人书》,宣传救国储金运动。

1919年6月9日,各界人士在公园举行大会,声援北京的学生爱国行动。会场中心悬挂巨幅对联：振民心，合民力，万众一心；御国敌，除国贼，匹夫有责。学联领导人马骏发表激昂讲话，号召人民大众团结起来，奋斗到底，取消二十一条！

中山公园碑记

拒绝巴黎和会签字！收回山东权利。

在日寇侵华期间，公园被日军占据，遭到严重破坏，解放后屡加修建，但已不是早年的面目。现该园已列为革命历史纪念地，园内尚有南皮张氏两烈女碑、魏士毅女士纪念碑、天津十五烈士纪念碑，分别作为区级重点文物保护单位，供人们瞻仰。

慈禧行宫何处寻

——种植园

今天津北站以北的地方在一百年前还是一片荒郊野地。清光绪三十二年（1906年），直隶总督袁世凯委派周学熙在此处筹建一座种植园，出于在园内为慈禧太后建造行宫的想法，所以在策划设计中颇具匠心。那时的种植园比现今的宁园面积要大，连现在的中山北路以东的地方都在该园范围之内。

光绪三十三年，正式开湖建园。湖面达十几顷，有木桥连通。湖的周围堆有土山，土山上建亭台楼榭。园内设闸引水，使湖水与园外的金钟河、月牙河相通。并年年按期植树，还在西北角种棉、葵、菊、马莲，河里种菱荷，宅旁沟边种菜蔬、谷类，颇有田园情趣。后来，大概是因为"老佛爷归天"，清

1931年北宁铁路总局扩建原种植园为北宁公园，成为当时天津最大的公园

王朝倒台，或是战乱等原因，种植园年久荒芜，台榭倾圮，断桥残垣，树木凋零，这座"慈禧行宫"就这样"流产"了。

上世纪30年代初，北宁铁路局租车皮给开滦矿务局，查出开滦车车超载，结果罚了开滦矿一笔巨款。铁路局以此作为资金，在原种植园的基础上，新建了大雅堂、礼堂、文化厅、钓鱼台等古典建筑，辅以长廊曲径，架设桥亭，种植花木，点缀其间，遂成公园。因取诸葛亮"宁静致远"之语，命名"宁园"，也含有"北宁铁路公园"之义。

1937年日本侵占华北后，宁园东南部成为日本兵营，仅留西门至四面厅一条甬道为游览路线。抗战胜利后虽全部开放，却未加修建，已残破不堪。解放后进行了全面规划和建设，在原有基础上扩地、整修、改建。继大雅堂、四面厅等旧有建筑，又建起了舒云台、畅观楼、电影院、叠翠宫、花展

古朴典雅的北宁公园

园内一督

馆、致远塔、温泉宾馆等，山叠水曲，花木亭阁错杂其间，构成荷芳揽胜、九曲胜境、紫阁长春、月季园、鱼跃鸢飞、莲壶叠翠、曲水瀛洲、静波观鱼、俏不争春、宁静致远十景。还曾邀请名家高手撰写楹联匾额数十幅，诗情画意，优美和谐，进得园内，更使人感到舒心惬意。

为了进一步提高宁园的观赏旅游价值，园内还先后移进一批具有鲜明时代风格的石雕艺术杰作和珍贵文物。如致远塔前并列的一对雕刻粗犷、造型清瘦的石狮子为金代承安二年（1197年）所制。这对石狮子是70多年前在天津公园（今中山公园）创建省博物院时，由河北省内丘县征集而来，后流落于宁园附近，无人问津。近年才被迁入宁园，供人们观赏，并列入区级重点文物保护单位。

致远塔

昔日未成的"慈禧行宫"，最终成了人民群众的文化旅游胜地。

小聚翠湖复水西

——青龙潭

"垸埚积龙潭,龙潭变翠庵。漪涟夸海甸,浩渺眺津南。林苑桃花艳,瀛楼沽酒甘,湖心架玉带,岛上踏青岚。"

一首《水上公园》诗勾勒出当年青龙潭及附近八里台一带的景物和水上公园这处园林胜迹的历史变迁。

水上公园旧时为积水之洼淀。当年这里坑洼相连,星罗棋布。最深的一处塘叫青龙潭,塘边土埂纵横交错,坑内水中芦苇丛生,常有水禽栖息,候鸟翱翔,颇富水乡野趣。每到秋冬时节,一群群远来的大雁纷纷飞到这里的河湖港汊过冬。清道光年间有人滥杀野生大雁,梅成栋挺身而出,投书县衙,制止这种残害生灵的行径,使此风得以杜绝。有人考证,这件事便

发生在津南青龙潭一带的地区。

青龙潭及其附近的八里台一带是天津早年一处绝妙的消暑胜地，也是文人雅集之佳处。特别是清末民初天津文人的水西之会、临流之觞，多在此举行，水西庄文脉竟在这里得以体现。

龙潭鸟瞰

众所周知，水西庄名园自雍正初建至乾隆后期由盛而衰，但作为"水西庄现象"和"水西庄文化"却并未因其园林湮灭而消亡。清中叶天津学人梅成栋曾在水西故地办起梅花诗社，集合诸多名士于其中饮酒赋诗。许多诗人学者每每流涟于此，无奈时过境迁，旧迹难觅，也只是写首小诗发发感慨而已。终于有一天，文人们在感念水西庄人文之盛的同时，将酬唱雅集之地移到了城南的八里台和青龙潭。

最早将目光投向这里的是清末民初城南诗社的那批文人。

城南诗社的创始人是津门名宿、近代教育家严修。城南诗社以弘扬水西庄文化为己任,每周活动一次。社集之日,或作水西之会,或招饮于私第,或为八里台临流之觞。雅集地点已由水西故地移至八里台、青龙潭一带,诗词题材也由吟咏水西庄拓展到城南水乡的佳色美景及内心感受。

"城南诗社人,最喜城南游。"从《严范孙先生古近体诗存稿》中看,仅严修于八里台小集、泛舟并野餐以及描写青龙潭旖旎风光的诗作就不下六七首。其《八里台归途示诵洛》写道:"夹岸丛芦一色青,舻声续续水波澄。故乡风景君应记,略似西兴到绍兴。"城南诗社的另一位骨干、津门著名学者王守恂的《王仁安集》中也收有《八里台秋泛分韵得雨字即呈诸公》等诗作。该诗在回忆他当年任钱塘道尹时居西湖畔放舟探幽之后,深情地写道:"惟此八里台,仿佛旧莲浦,秋高爽气来,招邀载清酤。"严修、王守恂都是近三百年诗歌大家,是被近人汪国垣列入《光宣诗坛点将录》中的人物。严诗"骏快使东坡",王诗"致力甚深,盖得力于通州(范肯堂)为多"。他们的诗作不仅光大了水西庄的文化传统,也为青龙潭这一风景名胜之地增添了光彩。

民国以来,为便于到青龙潭乘舟小聚,不少文人雅士还把别墅建在佟楼附近的引河之畔。夏季来临,每天到此乘凉游憩的舟船多达20余只,南北文人的龙潭聚会再现了当年水西庄的风雅。成立于1930年前后的诗词团体须社,由擅经史、精诗词的闽侯籍学者郭则沄老人主持,其成员也多是客居津门的南方籍学者。他们的活动场所初定为张园,实际上经常光顾的地方也是青龙潭。该社发起人之一、无锡籍学者杨味云的《云在山房骈文诗词选》中就收有他丁沽城南秋泛之作,诗中那"红藕将残,白萍未老,柳丝冉冉,犹带斜晖"等佳句,使人身临其境般地感受到青龙潭水乡的清新和野趣。在诗中,人们似乎闻到了花的芳香、水的气息,实在令人神往!在此期间,高凌雯的"城南绿水抱村流,曾共诗翁一放舟"(《刚训斋集》卷十二),冯文洵的"楼台俯青溪,烟景似江左","新涨一篙碧,疑人天上坐"(《紫箫声馆诗存》),也都是文人会集八里台、泛舟青龙潭的诗词名句。

新中国成立后,在青龙潭基础上修起的水上公园,经不断营建,已成了具有江南水乡格调的大型城市公园。新时代的春风催发了龙潭文化的更新和繁荣。当年梦碧词社老词人寇泰逢再次光临此地,留下了"时代飞腾竞着鞭,耽吟我也忘衰年,好将风虎云龙气,写入春花秋月篇"的诗篇。更令人欢欣的是,徐特立和谢觉哉老人曾多次莅临水上,且都曾题词赞景。1957年,谢老游后题五绝一首:"俪俪亭台麓,洋洋鱼藕肥。

工余游憩者，怡嬉不言归。"转年再次来园又题诗一首："去年昼游今夜游，夜游况是月初秋。袭人凉意迷人景，树影灯光水上浮。"

翠湖风光

当代作家黄裳在《榆下杂说》中曾提到他探访水西庄故地的情形："记得五十年前在天津读书时，曾经到八里台左近去过，也不知道是不是当时的原址，但见高柳垂荫，一溪环绕"。作为天津人大概都明白，黄老所到之处不是二百年前水西庄的故地，而是八里台附近。但他的话恰恰在提示我们，八里台、青龙潭与水西庄在文化上确是相联而又相通的。从水西庄到青龙潭，从青龙潭到水上公园，它使我们看到了天津人文历史的发展和延续，也使我们看到水西庄文化那强烈的辐射力、穿透力及后来人对水西庄文化的精心关照和奋力弘扬。

如今的水上公园，南、北部为大块陆地，中间为广阔的水面。湖水碧波荡漾，划船、游艇漫游湖上，构成公园的水上特色，湖中大小岛屿，由桥梁和甬道联结，把公园各个区域联成一体。广阔的水面，郁郁葱葱的岛屿和假山，弯曲的小桥、美丽的亭台、幽静的长廊、晶莹的喷泉，点缀其间，使水上公园具有特殊的魅力，吸引着成千上万的游人竞相前往。

见说桃花夹岸红

——桃花堤

　　桃花堤位于天津城北的北运河畔,是享有盛名的沽上春景。每年腊尽春回,"桃之夭夭,灼灼其华",曾使许多游客流连忘返,也曾使许多诗人乘兴挥毫。天津之所以有"小江南"之称,亦因有"满林桃花压黄柑"的胜景。

　　天津北运河畔的桃花历来有名。上溯自桃花口、桃花寺,下至西沽沿岸,都有成片的桃林。明清以来,文人诗家咏诵北运河畔桃花美景的诗作不断。现今刘园苗圃北面的桃花口和桃花寺,当年桃花映水,景色绝佳,路人行至于此无不为之倾倒。早在元代,成始终在其《发桃花口直沽舟中述怀》中就发出了"杨柳人家翻海燕,桃花春水上河豚"的赞叹(《梁溪诗钞》)。清初，浙江海宁籍学者查慎行途经这里，用"独客叩门来，老僧方坐睡，欲知春浅深，但看花开未"的诗句勾画桃花寺的清幽与桃花的秀美。康熙年间，圣祖玄烨乘船南巡，行至浙江，正值桃花盛开，回京时，大概是由于南北气候的差异，御驾至津北桃花寺，又逢这里桃花繁盛，踌躇满志的康熙皇帝感到十分喜悦，于是调寄《点绛唇》词："再见桃花，津门红映依然好。回銮才到，疑似两春报。锦缆仙舟星夜昺，辰晓情飘渺。艳阳时袭，不是垂阳老。"对于此事，钱塘籍学者汪沆以拟人的手法、传神的笔触记述了桃花寺的妙境和玄烨的欣然："桃花寺外桃花树，春去犹迎銮辂开。莫讶天公机杼巧，红云要护翠华来。"(《津门杂事诗》)

北运河畔的桃花，尤以丁字沽、西沽一带的桃花堤名气最大。由于津沽漕运大兴，丁字沽和西沽开设粮栈，南北文人多在此驻足，这里的桃花渐至闻名。入清以来又在原有自然景观基础上，借用西沽、丁字沽得天独厚的地理优势，人工遍植桃柳。每届仲春，桃花缤纷，柳絮飞扬，旖旎的风光令人陶醉。据传，乾隆皇帝下江南时，路经此地，但见桃林成行，垂柳依依，曾登岸观赏，且赐名"桃柳堤"。乾隆三十二年（1767年）他巡幸西沽，诗兴大发，写下了《西沽二首》。回京后又吩咐他的儿子成亲王永瑆来此一游，永瑆光临这里，写了一首

桃花堤春景

咏丁字沽的诗。至文人墨客更是不惮其远,到此饱览桃花盛景。嘉道诗人崔旭在《津门百咏》中描述说:"几家茅屋名西东,见说桃花夹岸红。剩有一弯流水碧,桃花何处笑春风。"诗人戴明《咏西沽》则有"柳营村牧避,桃花晓迷津"的佳句。

桃花堤因1900年庚子之变,义和团首领曹福田在西沽武库大败西摩尔率领的联军,后武库被炸,殃及桃柳,成片林木,毁于一旦。

1902年,北洋大学堂迁校址于武库废墟。之后,在该校门口的北运河南岸的河堤上广植桃树,重新展现了昔日的生机。

桃花堤的恢复，不能不为当时的北洋大学校长、天津籍著名学者冯熙运先生大书一笔。冯熙运，字仲文，1885年出生于天津一个世家望族。祖籍金陵，明万历年间其先辈冯大才仕宦津卫，举家迁津，后卜居河北区粮店后街大狮子胡同，人称"冯家大门"，到冯熙运已是十二代。冯熙运曾先后入读美国哈佛大学和芝加哥大学，1911年获法学博士学位。回国后，于1920年至1924年间任北洋大学校长。冯熙运工作认真，克勤克俭，对办学经费精打细算。1923年他用节省出来的经费在校内修建一座U字形宿舍楼，用以改善学生的住宿条件。施工单位按当时的风气，决定对他有所馈赠，被他断然拒绝。他令施工单位用这笔钱在北运河畔栽种桃树。这些桃树栽下后，每值新春，桃花盛开，堤上又出现了宜人的景象。

每到课余时间，北洋师生们便在这里散步静思，读书抒情。陈立夫尝作怀念桃花堤诗曰："名都胜迹运河东，曾共芸窗听晓钟，何事麻姑间沧海，桃花依旧笑春风。"原北洋大学（今天津大学）校歌中的"花堤霭霭，北运滔滔"，也是描写这里的景色。如今，北洋校友返回津门故里，还要到北运河畔的桃花堤探望流连，很多老者触景生情，激动得流下眼泪。

民国时期，桃花堤这一园林胜地，也是津城市民的憩游之所。春暖花开之季，人们多来此踏青春游，文人吟咏桃花一时流传。笔者曾见一民国年间的文人雅集录,载有词家向迪琮、赵元礼等人在西沽的唱和之作,颇见当年桃花之盛。

桃花堤几经战乱,至天津解放初期,仅残留小片桃林。1985年,市政府把建设桃花堤列为改善天津市城市人民生活十项工作之一,红桥区政府组织施工,将桃花堤建成桃花园,其中包括"清乾隆皇帝登临处"、"桃柳堤碑"、"龙亭"、"园中园"等景点。2001年又在原北洋大学的北运河畔建起一座景色明丽自然的"北洋园"。

岭渤凝和一妙笔

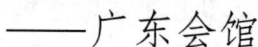

——广东会馆

会馆是同乡人在异乡修筑的聚会、联络和办事的馆舍，兴起于唐代，全国各地现存的会馆多为明、清时建造。清代，各方商人云集津门，曾在天津设立闽粤、云贵、安徽、山西、江苏、山东、浙江等各地会馆二十多处。坐落在旧城南门内大街的广东会馆，是天津会馆中规模最大、装修最精、保存最好且最具特色的一处。

大约在300年前，广东商人就和福建及潮州商人结成船队来天津经商。他们的商船船头油成红色，上面画有大鸡眼，人称"大眼鸡船"。每年春天，当季风刮起的时候，他们便满载货物，浩浩荡荡，沿海北上，再顺海河进入天津。日久天长，这些商人形成了建帮（闽帮）、潮帮和广帮三大派系。为了营业团聚便利，他们集资兴建了"闽粤会馆"，三帮轮流值年管理会馆。清道光末年，适逢广帮值年，因一经手人亏欠公款造成矛盾，建、潮两帮拒绝广帮值年，并不许查看账目，广帮在闽粤会馆陷于被排斥的境地。

光绪二十九年（1903年），天津海关道唐绍仪（广东人）为发展巩固广帮势力，倡议集资重新修自己的会馆。他联合英商怡和洋行进口船务买办广东籍人梁炎卿等44人以及粤人在津商号，共筹资9万两有余，购置城内鼓楼南运使署旧址土地二十三亩三分五厘一毫，自当年十二月破土动工，历时四年，于光绪三十三年（1907年）正月十四日建起新会馆，取名广东会馆。

会馆规模宏大，设计独特。融合我国北方和南方两种建筑手法，瓦顶墙体为北方风格，内檐装修又具广东潮州建筑特色，堪称我国会馆建筑的重要实例。整个会馆建有照壁、门厅、大殿、配殿、戏楼、跨院、套房等。最前面是青砖照壁，面对照壁是一座高大的门厅，砖石结构，硬山顶，两端山墙砌成岭南地区常见的阶梯墙，上下五级，被称作"五岳朝天"，在北方建筑群中别具一格。门厅正中悬"广东会馆"四字匾额。穿过门厅为一四合院，正前方为大殿，大殿檐下挂有"岭渤凝和"木匾，大殿配殿及门厅皆有卷棚顶前廊，并环接成回廊。

广东会馆戏楼

戏楼是广东会馆的神韵之笔，最具特色。它在大殿的后面。其看台分为楼上楼下两层。坐席分为开放式、茶座和包厢三种。舞台为伸出式，不设天幕和边幕，观众可从正面和左右两侧观看演出。舞台吊顶作"鸡笼式"，起"音箱"的效果。藻井由成百条异形斗拱榫堆叠而成。戏台后壁正中镶嵌大幅"天官赐福"镂空木雕，圆心内天官、仙童立于祥云之上，群猴嬉戏于松柏灵芝之间，圆心外四角浮雕口衔仙桃的蝙蝠。戏楼裙板和包厢的槅扇门窗亦雕刻狮子绣球、凤穿牡丹、松鼠葡萄等图案，人物、花卉栩栩如生。

会馆周围还建造了铺房，有住房三百余间，并在会馆东南修建"南园",栽花种木;设立医药站,供乡人休憩养病。当年,这里还有桃花林、葡萄架,景致十分美观。

广帮商人经过苦心经营,互相协作,到1931年前形成了天津广帮的黄金时代。1915年成立了广东音乐会。1917年又演出了粤剧,会馆歌舞台名角云集。著名京剧、昆曲表演艺术家孙菊仙、杨小楼、梅兰芳、尚小云、荀慧生、龚云甫等都曾在此演出过。专家评价,广东会馆的歌舞台是中国戏剧发展史上古典剧场的"终结"。

孙中山先生作为广东人,曾两度来广东会馆。1912年8月,孙中山从烟台乘船来津,21日抵达天津,受到天津各界欢迎。广东旅津同乡为欢迎孙先生,800多人于24日聚在广东会馆为他的到来召开欢迎大会,孙先生做了简短而又精辟的演讲,会场情绪高涨,掌声热烈。同年9月19日,孙中山先生在太原。天津广东会馆召开董事会,一致通过致电山西督府,恭恳孙中山再度来津,以畅叙乡谊,得到中山先生同意的复电。于是广东会馆先期在《大公报》、《日日新闻》、《新春秋报》等刊登消息,同时散发出传单,并通知唐山的广东同乡届时参加23日的欢迎大会。22日晚6时孙中山乘火车由保定抵津,第二天(23日)上午11时出席了广东会馆为之举办的有6000多人参加的隆重的欢迎仪式。孙中山与会馆各位董事晤谈,勉励努力爱国。随后与全体同乡见面并致谢辞。24日孙先生乘车离津。

广东会馆小景

就在孙中山来广东会馆的同一年,黄兴也曾来此演讲。1919年五四运动中,邓颖超与觉悟社成员为募集救灾款曾在此演戏。1925年,共产党人安幸生组建天津总工会,也以广东会馆为会址。这些都是天津近代史上的重要事件。

1986年广东会馆修复后,天津市政府决定利用会馆建立天津戏剧博物馆,将原有的大殿、配殿辟为展厅,展出《中国戏曲简史陈列》、《天津戏剧发展史陈列》,并多次举办有关戏剧活动和人物的专题性展览及原戏楼、舞台复原陈列。

露香赫赫垂青史

——张　园

现今和平路鞍山道 59 号院落是历史上的张园。张园系清末两湖统制张彪于 1915—1916 年间所建造的一所幽雅的园林。本取名"露香园",占地 20 多亩,内有亭台楼阁,山石池榭,树木花草,后有长廊环绕的小楼一栋,书斋客室,一应俱全。因园主人姓张,人们将其称为"张园"。张园因 1924 年孙中山先生北上过津时曾下榻此处,1925 年逊帝溥仪亦蛰居于此,遂身价提高而载入史册。

园主张彪,山西榆次人。幼年家贫,没念过什么书,干过刻字、裱画等营生,后来又练武,考中了武举人。光绪年间,张彪去太原,正遇上时任山西巡抚的张之洞被人拦住了轿子,张彪前去相救，将那些人制服，得到了张之洞的赏识，遂命其为保镖。后来张彪被选派去日本学习陆军，曾得过日本勋章。辛亥革命时，张彪为第八镇统制，驻武昌。各地爆发革命后，他又去日本躲避一年多。回国后，已进入民国。他住在天津日租界，与他人一道经营纱厂，大获其利，于是便在日租界宫岛街建起了"露香园"，并在园后建"宏济里"，为其子女们盖房。张为人善经营，自建起此园后，除冬季自住外，每年春夏秋三季，即租与包商作为游览消夏之所。承包人又在园内增设餐厅、茶室、剧场、影院等娱乐场所，上演京戏、电影及饮茶等，还有一些赌博性的游艺，与不远处的"大罗天"夜花园相对峙，曾盛极一时。

1924年孙中山先生应冯玉祥、段祺瑞、张作霖之邀，离粤北上共商国是，携夫人宋庆龄取道神户搭乘日轮辗转来津。12月4日到天津后，因车舟劳顿，进居日租界的张园休息，张园遂成为孙先生的行辕。孙中山到达的那天是入冬以来最冷的一天，孙中山在张园平远楼前石阶上，与前来欢迎的人照相留念。

孙先生何以下榻张园？这里还有一段缘起。先前商洽为孙中山借住张园的人叫许世英，许与园主张彪只是泛泛之交，当提出要求后，张与家人商量，先是觉得这是园主人的退隐之所，不宜接纳活跃于政治舞台上的人物，况且过去与孙先生革命立场不同，主张各异；但转而又一想，本园可租赁任何人，哪能独拒此公？同时园主人又可藉此显扬"隐退之人反可优游林泉之可羡"，于是同意了孙中山在此下榻。

孙中山在津期间，肝病发作，在张园总共停留了27天，直到12月31日才动身去北京。在此期间，他与天津各界代表及群众进行了广泛的接触。我地下党组织的江著元、于方舟、邓颖超等都曾去张园探望过孙中山先生。邓颖超同志不仅去张园对孙先生表示慰问，还曾参与了当时的接待工作。

日本人后建的张园

1925年4月，溥仪从北京抵津，也居于张园。张彪为迎接溥仪，特意订做了英国惠罗公司的欧式家具，加之住宅内西洋式的设备及风格，曾令刚出皇宫的溥仪颇为赞叹。这座张园，先前还是"大总统"的"行辕"，而今又成了"小皇帝"的"行在"。"蒙尘皇上"住的虽是自行选择三层楼上的东内间，恰又是前者离去的孙中山先生下榻之所在，这也可以叫"同床异梦"吧。

溥仪在张园居住期间，曾在门外挂出"清室驻津办事处"的牌匾，并广结社会各派势力，俨然一个"小朝廷"。当时，住在天津的遗老遗少纷纷前来张园问候，如曾任两江总督的张人俊，曾任户部、兵部尚书、军机大臣的铁良，曾任工部、兵部、外务部尚书的吕海寰，连华世奎、刘嘉琛、朱益藩也都前来问候，前广东水师提督李准把家里的螺钿硬木家具"进奉"使用，有的还呈肉折、米折，任取享用。闻讯前来的罗振玉、郑孝胥、朱汝珍、贝勒载涛等每日恭候园中；各类膳食侍僮，各旧日臣工，采访新闻的记者，一时遍布园中亭台楼榭，熙熙攘攘，把园内的那座平远楼挤得满满当当。

张彪于1927年去世后，溥仪便从张园迁到了静园。只留下半块写有"前清宣统帝行在"的那块残缺的石碑。溥仪之所以离开张园，据说是因为张彪病故后，其后人不断向溥仪催索房租，"龙心"不悦，便于1929年7月移居宫岛街上的静园。

迨溥仪被日本土肥原等劫往东北后，日军又利用女特务川岛芳子（金壁辉）出面，以截断水、电源等手段，强行以18万元代价将张园购去。溥仪搬出后，张园始成为私人专用的处所而失去了昔日的繁华。闹不清日本人是出于什么考虑，竟将张园内那幢盖成不过十几年的三层楼房拆除，重建起两层楼房，作为日本驻军司令部。后来又成了国民党天津警备司令部。天津解放后，这里曾是中国人民解放军卫戍司令部。1976年，张园主楼顶的南楼因地震被震落，经重新修缮的张园便是现在的模样。几经变迁，张园也几易其貌。如今，这里是天津市少年儿童图书馆。有关部门正在筹措重新修复张园建筑。

逊位还念旧宫宸

——静 园

"南国战频频,一朝驱众臣。津门方蓄锐,园下暂栖身。溥仪哭怀祖,海藏喜望尘。一行东北去,还念旧宫宸。"

70年前,中国末代皇帝溥仪,为恢复帝制,静待时机,赴东北充当伪满洲国傀儡皇帝之前,其蛰居之所便是天津的静园。

静园位于今和平区鞍山道与宁夏路交口的西北侧,原名乾园,1921年由陆宗舆所建。陆为安福系政客。在"五四"爱国运动的冲击下,北京政府出于无奈,免去了曹汝霖、陆宗舆、章宗祥的职务。当时由于日本帝国主义者的庇护,仍将陆宗舆留任中华汇业银行总理,后又担任龙烟煤矿和铁矿公司督办。陆长期居住在天津日租界,乾园便是他的住宅。1925年清逊

静园大门

帝溥仪被赶出紫禁城后来到天津,初居张彪的张园,嗣后于1929年7月移居乾园,陆宗舆便搬到了石山街(今宁夏路)居住。溥仪在此有"静观变化,静待时机"之意,于是将乾园改名静园。

  静园的主要建筑是前后两幢砖木结构的小楼,以及附属的书房、库房等,占地3300平方米,建筑面积2062平方米。前楼是园内的主要建筑,两层,为西班牙式建筑,上有阁楼,下设地下室。室内装修讲究,有壁橱、壁隔、壁炉等各种设施,除客厅、卧室、盥洗室外,还有陆宗舆的"乩坛"。1929年溥仪迁此后,他和婉容住在二楼东侧,文绣住在西侧。后楼较前楼略为简陋,供随从人员居住。

静园环境优美，周围花墙环绕，园内曲径长廊，怪石清泉，花繁树茂，风雅宜人，楼东还修有一个网球场，在周围市井之间，倍显静谧。

然而，静园并不平静。溥仪来到这里后，一直在紧张地进行复辟清室的活动，与英、法、意、日等国的领事或驻军司令官频频接触，与逊清的孤臣孽子、直奉系军阀不断往来。在这里，溥仪仍然使用宣统年号，不时发出谕旨，召开御前会议，俨然以皇帝自居。每天上午他都要召集"股肱大臣"，批示奏折、听述陈条，研究时局变化，以图"光复故物"，还政于清。小小的静园时不时爆出热闹的新闻。

1931年8月25日，身为淑妃的文绣突然从静园出走，宣布与溥仪离婚，此事轰动一时，溥仪差点为此而上了公堂。彼时北平《晨报》报道说："文绣自民国十一年入宫，因双方情意不投，不为逊帝所喜，迄今九年，独居一室，未蒙一次同居，而一般阉臣婢仆见其失宠，竟从而虐待，种种苦恼，无从摆脱。"文绣欲与溥仪离婚，令溥仪十分恼火，他想尽种种办法，企图维护他这个末代皇帝的颜面。但文绣决心已定，顶住一切压力，决不动摇。离婚后，溥仪为了所谓清室尊严，给他自己的脸上遮羞，在京津沪三地报纸上，花了很大一笔广告费，在报头旁的广告栏内，登出一道逊位宣统皇帝的"上谕"：

"淑妃擅离行园,显违祖训,撤去原封位号,废为庶人,钦此。

静园内现存的旧楼

宣统二十三年九月十三日。"在国民党南京政府统治时期,退位的皇帝的谕旨竟出现在报纸上,实在是不伦不类,令人好笑。

"九一八"事变以后,溥仪与日本政界的接触日益密切。日本关东军参谋坂垣大佐的代表上角利一、沈阳特务机关长日本陆军大佐土肥原贤二、天津驻屯军司令官香椎浩平、通译官吉田忠太郎等频繁出入静园。日本帝国主义为了达到长期统治中国的目的,急于需要一个由日本控制并为日本帝国主义利益服务的傀儡皇帝,以便为日本进一步侵略中国寻找借口。他们拼命鼓动和利诱溥仪在东北建立伪满政权,甚至不惜采用威逼、恫吓等卑鄙手段。此时,溥仪抱着回到东北"祖宗发祥地恢复祖业、先据关外、后图关内"的复辟幻想,经过与众臣密谋策划,终于下定决心去东北当满洲国的皇帝。

1931年11月10日夜,在日本军方特务的策动下,溥仪经过化装藏在一辆敞篷汽车的后箱内,由日本人护送秘密离开静园,在海河边英租界的一个码头,搭乘"比治山丸"号汽艇到达大沽口外,换乘"淡路丸"号商船偷偷潜往东北。1932年3月9日溥仪在长春正式登基,当上了伪满洲国的傀儡皇帝,充当日本侵略中国的御用工具达13年之久。

日本投降后,静园曾一度成为国民党天津警备司令陈长捷的居所。天津解放后,曾为总工会所用。目前此院落为居民住宅,正待有关方面进一步修复。

风雨喧嚣荒唐事

——曹家花园

曹家花园原为孙家花园,1903年由军火商人孙仲英建造。1922年直系军阀曹锟贿选总统在此园做寿时,洽妥用重金买下。嗣后,曹锟靠权势,大兴土木,在园内挖了人工湖、游泳池、堆置了假山,建造了湖心亭,增建了"爱奥尼"的双柱门庭和弯曲檐的西式公主楼、公子楼,并把过去的旧式房舍改建为宫殿式建筑,每个建筑物之间都有走廊相连。园内还摆着神态各异的石人、石马、石羊、石狮,百花锦簇,幽雅宜人。

军阀混战时期,在曹家花园曾多次召开过军事会议,也曾有着许多名人轶事。早在1917年12月3日,段祺瑞与当时的代总统冯国璋产生矛盾,辞去了总理的职务。来到天津后仍耿

曹家花园内的湖心亭

耿于怀,曾在这里主持召开了"天津会议",煽动曹锟、张作霖、倪嗣冲、张怀芝等,继续向南方出兵,以剿杀革命。1918年6月19日,以曹锟为首的督军团在这里秘密策划"十六省区联名请冯国璋迅速发布对南方讨伐令",并拟"举徐世昌为下届总统"。

1924年,第二次直奉战争后,曹锟下野,曹家花园即成为'胜利者"的"驻跸行辕"。冯玉祥、李景林、褚玉璞、张作霖等都曾在此园驻屯。1924年12月,孙中山北上来津,曾专程到曹家花园访问奉系军阀张作霖,第二天张作霖回拜,双

曹锟书房

方进行了坦诚的交谈。这就是历史上著名的"孙张曹家花园晤谈"。从而曹家花园在中国更有了名气。

1935年,曹锟先后在意、英租界建了多处建筑,将花园易主,后改为天津第一公园。该园将中国古典的造园方式与西方造园艺术有机地结合在一起,建筑风格独具匠心,堪称天津园林艺术的杰作。正式对外开放后,园内又增添了一些活动项目,增设了剧场和游艇,并在园内建了饭店,一时游人甚盛。1937年3月,又在园内空房筹建天津第二图书馆,以便于河北一带及城内民众阅报。同年8月,公园被日军侵占,并将恒源纱厂宿舍等处圈入,强行征用,改为日本侵略军的陆军医

园内的石羊

院。现在,曹家花园一部分为解放军254医院,另一部分为河北中学和其他单位。

浩气凛然千古传

——蔡家花园

蔡家花园始建于1926年,地处今河北区日纬路的四马路,当初是北洋军阀蔡成勋的花园式私人宅邸。

蔡成勋,字虎臣,出生于天津,1900年毕业于天津武备学堂。最初担任近畿督练处参议官、大总统的侍从武官,以后先后任浙江省第四十一混成协协统、师长、南方征讨军第七军军长,冯国璋代理大总统时任察哈尔都督,靳云鹏组阁就任陆军总长,1922年任江西督军。1924年12月直系失败后,被赣南镇守使方本仁驱赶下台,回到天津寓居。

蔡家花园占地30余亩,建有亭台水榭,回廊鱼池,种植有百余种奇花异草,颇具规模。

蔡家花园本是一座普通的军阀私人园林，其所以出名，是因为在这里曾发生过令人难忘的事件。

1929年5月19日，伟大的革命先行者孙中山先生逝世后，他的灵榇要去南京奉安（下葬之意），在路过天津时，天津人民为祭奠孙中山先生，曾在蔡家花园举行隆重的"天津市民纪

旧时的蔡家花园

念总理奉安大会"，体现了天津人民对孙中山先生的深切悼念。

蔡家花园因战乱，几经变故，后来成了国民党五十一军的拘留所。1934年11月9日，爱国将领、民族英雄吉鸿昌到天津从事革命活动，不幸被捕。当日下午，反动派用铁甲车把吉将军押至五十一军军部，囚禁在拘留所里。在此，吉鸿昌将两张纸条秘密传给他的夫人，一张写道："垂天之鹏，制于蝼

蚁。"另一张写道:"转入宪兵司令部,凶多吉少,不要难过,此为老百姓。"吉鸿昌被押送他处后,坚贞不屈,大义凛然,与反动派针锋相对,当月24日在北平英勇就义。

　　随着时光的流逝,蔡家花园在天津的地图上已经找不到了。但是,那血和泪的回忆却永远留在天津人民的心中。

巍巍王府今犹在

——李纯祠堂

今南开人民文化宫原为李纯祠堂,是市级文物保护单位。这组由北京整体移到天津的具有明清建筑风韵的极有气派的古建筑群,素有"天津小故宫"之美誉。

李纯祠堂即大军阀李纯家的祠堂。坐落在南开区南丰路西侧,占地25600平方米,建于1913年—1923年,由砖砌照壁、石牌坊、石拱桥、大门、前殿、中殿、后殿、配殿和回廊等建筑组成。整个建筑群,规模宏大、巍峨壮观,布局严谨规整,内部装修考究。主体建筑中殿,殿顶覆盖绿色琉璃瓦,并饰以琉璃脊兽等。彩绘斗拱,雕梁画栋,色彩绚丽。墙壁全部采用磨砖对缝工艺,室内花瓷砖墁地,富丽堂皇。殿前有宽敞

李纯祠堂大殿

的月台，殿后设华丽的戏台，台顶上有蟠龙藻井。当初，这里不仅建筑气势宏伟，而且湖塘半边环绕，绿草青青，垂柳曼曼，环境幽雅，凡到过这里的人无不发出赞叹。

这座"小故宫"何以落户津门？这还得要从李纯这个人说起。李纯（1874—1920）字秀山，天津人，老家住在今河北区水梯子大街东兴里（现已拆迁）。少年时家贫，父亲以卖鱼为生。光绪十五年（1889年）考入天津武备学堂第二期，毕业后参加淮军。袁世凯在小站练兵时，他任武卫右军教练官。光绪三十一年（1905年），清政府考查练兵成绩，在直隶河间举行秋操演习，令袁世凯、铁良为校阅大臣。据说李纯在大操场上喊操，指挥千军万马，口令声震全场，为袁世凯所赏识。后来他带兵拥袁，成为北洋军阀嫡系。民国二年（1913年），升

为江西督军；民国六年（1917年）冯国璋代总统时，调他为江苏督军兼浦口商埠督办。李纯在赣、苏两省连任督军七年，民国九年（1920年）10月12日，暴猝于江苏督署任所。

李纯在任官职期间，横征暴敛，财富数额惊人。他除了收藏黄金珠宝外，还大量购置房地产，投资金融、工商业。李纯家里设有经理处和"立志堂"大账房以司其事。其现金和股票，仅他夫人王氏名下就存黄金4400两，妾孙氏名下存黄金1940两。另存现款三百数十万元。还存有懋业银行、大陆银行、北洋保商银行、山东工商银行、哈尔滨电灯公司、中国实业银行、龙烟煤矿、山东面粉公司等企业的巨额股票。其房产、土地、存款和股票等租金和利息收入，每月可达四万元。1921年前后，金价每两值银元20元左右，他每月收入折合现金可达4.5万两。这样的巨额财富，在北洋军阀中，不在曹锟、冯国璋、段祺瑞之下。

李纯一生广积财产，然他也曾拿出一部分私产捐资办学。除了给南开学校捐资50万元建"秀山楼"，他还在天津河北三马路、关帝庙等地创办了"秀山小学"三所，全部经费均由李纯本人负担。

李纯穷奢极侈，挥金如土，为营建私人园邸，1913年他于督军任上在北京西城购得王府建筑一座，据说这座王府原是

明代宦官、号称九千岁的大太监刘瑾的私宅。他将其全部拆

李纯祠堂戏台

卸,从北京运到天津老龙头车站,再在冬天沿途挖井、泼水、冻冰,沿着冰道将全部物料"滑运"到工地。同时在天津西南的沼泽地带购地,由工匠将运来的所有建筑构件重新组装建设起来。这组经拆迁重建的古建筑与王府一样,雕龙画柱,蔚为壮观。总共耗资达数十万元。由于建筑工程浩大,内部设施豪华,曾引起袁世凯的猜忌,袁派人前来调查,为此,李纯用重金行贿,为掩人耳目,将园邸改为李家祠堂,方得以解脱。

李纯祠堂从其建筑布局和气势上看,真像是北京故宫的缩影。据老人们说,站在大花园正门玉带桥远眺一千米三筑庭

院，可以从门庭、前殿、中殿，一直看透到后殿供奉的李纯祖先的牌位。经过近一个世纪的风风雨雨，这一园林古迹基本保持原貌，现已成为人们游览、观赏和休闲的胜地。

中西合璧别一格

——庆王府

在天津重庆道"天津市对外友好协会"的大门外面,挂着一块白色的石碑,上写"庆王府"三个大字,并标明这是天津市重点文物保护单位。这里原是清第四世和硕庆亲王爱新觉罗·载振的府邸。

庆王府的前身是清末太监"小德张"的别墅。民国初年,戴着"清宫总管"头衔的小德张(张兰德)见宫中大势已去,决心离开紫禁城,到天津作寓公。他在旧英租界购置一所别墅,在楼内作威作福,过着王公贵族一般的生活。小德张幼年丧父,其母董氏与他同住在这高楼深院中。1922年,董氏病逝,小德张为她出了个最豪华的大殡。请来清朝末科武状元武国栋"祭门",请曾任北洋政府内阁总理的高凌霨"点主"。召来当时天津料理丧葬著名的"大事全"赁货铺经理魏子文和"天兴"寿木厂经理李锡三来经办这场出殡葬仪。请来和尚、道士、喇嘛、尼姑"念经",共13棚。亭、幡、车轿等仪仗应有尽有;纸人纸马,全用绸缎糊扎。这个大殡,轰动一时。小德张为母亲出殡之后,他的这栋别墅被迁到天津的庆亲王载振所看中。经商定,载振以在天津的房产北马路十多所浮房和英租界今郑州道一块十多亩的地基做交换,小德张在今郑州道那块地基上另建新楼,庆亲王载振搬入了这座别墅。

庆王府外观

庆亲王的王府本来在北京。第一代庆亲王叫永璘,他得到嘉庆皇帝赏赐的原乾隆时权臣和珅的旧宅,地点在北京西城定府大街,方圆约半华里,房舍分为五个大院落,厅堂及大小房屋数百间,规模宏大,设备豪华,这就是老庆王府。永璘的后裔奕劻是庆亲王的第三代。1900年八国联军进犯北京,慈禧太后和光绪皇帝仓皇西逃,授权奕劻和李鸿章与敌议和,签订了丧权辱国的《辛丑条约》。1917年,奕劻病逝。其时清廷已经倒台,没有皇帝颁发钦命了。但时任大总统的黎元洪却发布一道命令:"清宗室庆亲王奕劻因病出缺,所遗之爵,本大总统依待遇清皇族条件第一项,以伊长子载振承袭网替。"这样一来,在中华民国时期又出现了第四代庆亲王,这个人就是爱新觉罗·载振。

载振生于1876年。初袭镇国将军,光绪二十七年(1901年)加封贝子衔,人称"振贝人"。光绪二十八年受任为英皇加冕典礼专使,出使英国,并应邀访问比、法、美、日四国。光绪三十三年(1907年)奉旨赴吉林督办学务归来,路经天津时,接受直隶道员段芝贵为求得黑龙江巡抚之职而献女伶杨翠喜,其丑闻暴露后,被御史参奏被迫引退,后于1925年来津。

天津的这座庆王府占地4385平方米。主楼为西洋柱式回廊的中西合璧风格,平面为长方形,内部布局呈回字形。原建筑三层,载振迁入后加盖一层。门廊为显示宫殿气氛的复合柱式,正面有上窄下宽的17蹬台阶。进门有中西合璧的木雕隔

中西合璧的庆王府

扇，上面为上部拱型的比利时玻璃镜。楼当中为欧洲古典风格的开敞天井式大厅，四周一圈为正式住房，东、西、南、北四面的开间，均为"明三暗五"对称排列。大厅顶部悬一组葡萄造型的吊灯。厅内上悬御赐"宝胄藩厘"、"微猷翊赞"、"天赐纯嘏"等匾额，还挂着康熙皇帝御书白居易诗句的大条幅，诗曰："地僻门深少送迎，披衣闲坐养幽情，秋庭不扫携藤杖，闲踏梧桐黄叶行。" 3楼8间房屋是专为祭祀、供奉祖太王爷的影堂。楼东辟有花园，在绿树掩映下，喷泉、假山、凉亭、甬道，错落有致，别有洞天。尤其是园中的几柱木化石，更是令人称奇。

载振身居庆王府，每日锦衣玉食，饮食起居依然保持王府旧制。招待遗老旧臣饮宴,只饮庆王府自酿的"香白酒"。经常来庆王府的遗老有章一山、金息侯、严范孙、华世奎、张鸣岐、小德张以及大总统徐世昌等。载振特别喜欢养蛐蛐,还养过十几种热带鱼,雇专人喂养。他最爱看京剧,尤喜看尚小云和谭富英的表演。许多名角来津演出,都专程到庆王府拜会载振,载振也常去戏院看戏。庆王府内的大厅里还演过一些曲艺,当时有"鼓王"之称的刘宝全、梅花大鼓名角金万昌等都在此演出过。载振还用巨额财富经商,与天津买办高星桥合办"新业公司",并投资30万元和高星桥合股兴建了法租界的劝业场、交通饭店、渤海大楼三处大楼。在庆王府,他曾著有《英轺日记》,记述了他作为清廷委派的庆贺英皇加冕典礼的专使,访问西方国家的所见所闻。1947年,这位末代庆王病死于府内。

卫南庙会乐融融

——峰山药王庙

初春的津郊原野，万物复苏，一片新绿。位于市区西南10公里处的"中华医圣文化苑"，沐浴着阵阵春风，愈显恢宏壮观。这儿便是当年峰山药王庙的基址。

药王庙主要是供奉唐代杰出医学家孙思邈。孙思邈学识广博，采集唐前诸家医药文献及自己经验，编成《千金要方》、《千金翼方》两书，系统总结了唐以前各科医学成就，提出医学要"大胆心细，智圆行方"，更须刻苦钻研，以忘我的精神救治病人。为纪念这位中华医圣，天津人曾先后修建了数座药王庙，峰山药王庙只是其中的一座。

峰山药王庙修建年代甚远，但具体为何年何月，已无文献

新建的峰山药王庙，现称"中华医圣文化苑"

可考。据说当初此庙没有山门，是建在一座土坡之上的。全庙共分三重大殿，坐北向南。虽说是药王庙，供奉的神像和牌位却是三教九流，五花八门。先是头重殿，供有药王、王灵官、雷公、柳真人、药圣等，共10位神。中殿供有伏羲、神农、禹王、尧王、舜王、汤王、天官玉帝、仓颉等，共16位。中殿东厢殿供的是扁鹊、华佗、黄大仙、胡大仙等，共11位。中殿西厢殿供奉的是一位柳七爷。后殿供如来佛、老君、孔夫子、弥勒等，共7位。这样一座庙为何不建山门呢？相传建庙时有行脚僧过此，谓有山门则主不祥，于是废掉山门。道光二年，施主黄衍认为没有山门殊非敬神之道，便捐津钱五百千建起山门。落成之后，守砖更夫吸烟不慎，将山门付之于大火，由此便不再建山门。这实"乃迷信者举神相传行脚僧人之戒"（《沽水旧闻》）。

峰山药王庙外景

峰山药王庙颇具民俗色彩。旧时，天津人多于旧历四月下旬在这里举行庙会。其间，沿途茶棚林立，游人不绝，庙前庙后，摊贩栉比，法鼓、鹤龄、秧歌、小车会、跑旱船、高跷、少林会、狮子会等娱乐活动，应有尽有，沉寂的卫南洼一片喧腾。民初戴愚庵在《峰窝庙场》中记述："津人之好事者，当开庙场之先一日，即设许多茶棚于沿路之上，香客得入其中歇息饮茶，不取利，亦心愿也。庙外之临时赶趁生意，亦与各庙异，所售为当地特产之麦茎编器，如扇、枕、囊、盒、虎、兔、狗、马、舟、车、葫芦、席垫各品，极五色斑斓，手工巧妙之致。凡往随喜者，无不沽之而还，或归遗细君，或馈赠亲友。值虽微，而意则厚，习也。"刘炎臣《津门杂谈》也曾言及民国时期峰山药山庙的景象："每年由四月初就开庙门，直至月底为止，从十五到二十八这十几天最热闹，香客最多，据谈四月二十八是药王的生日，亦就是这个庙会的'正日子'。这个庙会，凡是津市附近的人，可说是无人不知，无人不晓，所以它的香火极盛。"

近年来，有关方面在峰山药王庙的原址上建的"中华医圣文化苑"，以弘扬中华医学文化、倡导医药科学、抵制封建迷信为己任。登上白石台阶，穿过雕梁画栋的宏伟门庭，一组金碧辉煌的明清殿宇式建筑尽在眼前。这里，除建有庭院展馆外，附近还辟有花园、绿地、水榭，并拥有游船、球类等健身、休闲设施。走出苑门，一望无际的大草地使人心旷神怡，空气清新得如滤过一般。苑东高墙外，新建长廊与亭台的倩影倒映在清澈的水波中；湖的对岸，一幢幢别墅式小楼拔地而起。中华医圣文化苑这一集观光、养生与享受大自然于一体的园林景点正张开热情的臂膀迎接四面八方的游客。

清修院内枪声起

——居士林

居士这个词，古已有之。不过最初并不限于信奉佛教的在家之人，而是属于文人自称的一种雅号。初唐陈虞寄自称东山居士，为用作别号之始。其后，唐、宋人，如白居易自号香山居士，欧阳修自称六一居士，他们全不是佛门弟子。到了后来，虔诚信佛但不剃度为僧，所谓俗缘未尽，居家而"出家"者日多，这些人则通称居士，以区别"出家"的方外人。居士们也要诵经礼忏、做佛事，也要有佛殿经堂，但为区别于僧尼，不能用寺、庵、禅院等名称，于是把他们诵经礼佛的地方称为"居士林"。

天津的第一个居士林设在旧英租界广东路，是民国初年由洋行买办陈锡舟发起创办的。陈发财致富后，以吃斋念佛广结善缘，邀集洋行故交、近亲近友，组织居士林，按时前往诵经礼忏。佛堂不大，人数不多。民国二十一年（1932年）陈锡舟病故，经费失掉来源，这个居士林随而停办。

天津的第二个居士林在东南城角草厂庵，由曾任北洋政府国务总理的靳云鹏和曾任苏皖浙闽赣五省联军总司令的孙传芳联合创办。这个居士林的前身是天津八大家之一"李善人"李春城的家庙，名叫"清修院"。李家于1917年从北京怀柔县资福寺请来清池和尚住持清修院，大总统徐世昌题匾额"清修禅院"。后军阀混战，直鲁联军褚玉璞进驻天津将清修院封闭。1928年北洋政府倒台，清修禅院重归李家。1933年经靳云鹏与李春城的长孙李颂臣商妥，将清修禅院改为"天津佛教居士林"。靳云鹏自任林长，孙传芳任副林长。每星期日居士们前去听经礼忏，并聘请富明法师主讲佛经。由于靳云鹏、孙传芳有号召力，先后到那里参加活动的居士最多达三千余人。每到礼拜日，主讲法师高坐法坛，居士们男东女西分坐两厢，靳云鹏坐在东边首席领拜，孙传芳坐在西边首席领拜。

草厂庵的这座居士林之所以特别引人注目，是因为上世纪30年代曾发生过一件轰动全国的大事：赫赫有名的大军阀孙传芳在这里遇刺身亡。

居士林外景

刺杀孙传芳的是位青年妇女,名叫施剑翘(1906—1979),当时30岁左右。她本是将门之女,两个孩子的妈妈。1925年其父施从滨因与孙传芳的军队作战,被俘后被孙传芳斩首。施剑翘长大成人后,立志替父报仇,但几经周折都没成功。1935年6月,她带着两个儿子从太原赶到天津,卧薪尝胆,历尽艰辛,用了五个月时间,摸清孙传芳的地址、乘坐汽车的号码和出入居士林的时间。这年11月13日中午,施剑翘潜入居士林听经拜佛的女居士坐席间,乘大家全神贯注听法师讲经之际,突然从衣袋里掏出手枪,照准孙传芳脑后打了一枪,孙即负痛站起,施又续射一枪,孙倒地毙命。正在群情惶骇之时,施取出早已拟就的"告国人书",散发给在场的居士,宣布其行动为替父报仇,并且历述其父当年被孙传芳杀害的经过以及孙的其他罪状。最后向众人念了一首诗:"父仇未敢片时忘,更痛萱堂两鬓霜;纵怕重伤慈母意,时机不许再延长。不堪回首十年前,物自依然景自迁;常到林中非拜佛,剑翘求死不求仙。"

事情发生后,施剑翘被押至警察局,后由警察局转到法院,被判刑七年。不久由于全国正义人士的呼吁,加上施剑翘乃辛亥革命先烈施从云的侄女,施从云与冯玉祥是生死与共的战友,所以冯玉祥、李烈钧从中干预,施剑翘终被特赦。1936年10月,施剑翘获得了自由。

解放后,施剑翘曾三次旧地重游,每次都忘不了天津人民对她的情谊,忘不了魂牵之地——天津居士林。十年动乱之

居士林内的大殿宝殿

际,为了躲开"造反派"的纠缠,她受周恩来总理保护来津探亲。有一次路过居士林,她感慨万端地说:"当年孙传芳的势力很大,我敢开枪打死他,至今还有些后怕呢!"

大雄宝殿供奉的明宣德
年间铸造的毗卢遮那鎏金大佛

草厂庵的这座居士林当年因发生了施剑翘刺杀孙传芳之事,居士们不再前去诵经。靳云鹏鉴于居士林门庭冷落,遂请银行经理王祝三任副林长,又请来与帮会势力有联系的高乐园主持林务。1948年以后由宝菡法师任住持。1950年靳云鹏病逝。1952年居士林关闭。1982年在政府支持下,重修居士林,恢复了原貌。

现在的居士林占地752.27平方米,建筑面积700.52平方米。由大雄宝殿和两侧配殿组成。大雄宝殿供奉的毗卢遮那鎏金大佛为明宣德年间铸造。据说这尊铜佛在日本侵略中国时是从山西某寺庙运津准备冶炼后制作军火的。不想在粉碎时,有人用铁锤向佛头顶击去,觉得头痛厉害,便不敢再化铜佛,将其请至大悲院供奉,一时香火甚盛。后又将铜佛请至居士林供奉,并配制了莲花坐盆。这尊鎏金大佛经历劫难,最终完整地保存下来,成为天津一"宝"。

精致清朗女僧庙

——莲宗寺

和平区南门外大街与保安街交口处的莲宗寺,为尼僧际然于1936年创建,砖木结构,由山门、大殿、东西配殿和斋堂组成,是天津现存著名的比丘尼寺庙。

创建这座莲宗寺的际然法师,俗名叫金桂珍,满族正白旗人,姓爱新觉罗,生于清末光绪三十四年(1908年)农历二月初十日。7岁丧夫,与母亲过流离艰苦生活。11岁随母来津居住,以捡拾破烂卖钱度日。后来英美烟草公司(今天津卷烟厂)招童工,她就报名当了童工。不久爆发了1925年的"五卅"运动,天津各界举行游行示威,声援上海人民的反帝斗争。她当时18岁,被认为是骨干力量,召到河东郭庄子一家小布铺的后院，听动员罢工报告。回厂后就进行宣传罢工，并守在厂里出口的后门值班，劝阻本厂工人不要进厂干活。但是过了三四天，她就被厂方开除了。

莲宗寺山门

金桂珍历经人世沧桑，1935年28岁时在北平拈花寺落发受戒，出家为尼。1936年开始向几位居士集款，买地备料，克服种种困难，陆续建成了今天这样规模的莲宗寺。

莲宗寺是天津惟一的尼众十方丛林。全庙地基752.6平方米，共有大小殿堂40间。庙里的各佛座，全是仿照北平拈花寺的佛座，极为精致美观。主建筑"大雄宝殿"四字横匾，由佛门弟子曾任北洋军政大员的江朝宗书写。靠东首出入的庙门,两旁为一对联:"心如朗月莲天净,性如寒潭彻底清。"横批是"人吉祥地"四字。读之顿觉心灵清凉明朗。

现在这座庙周围的旧房屋已被拆除重建,因为莲宗寺具有历史文物价值独被保留下来。